JN416474

일본어 독해력 완성 프로그램

다락원 일한 대역문고

초급 8

일본의 재미있는 이야기

日本のわらいばなし

吉本一 著

다락원

『일본의 재미있는 이야기』를 집필하며…

십수 년 전에 한국에 와서 처음 한국어를 배울 때 다락원의 『일한 대역문고』 시리즈를 많이 읽어 보았고, 또 학생들이 일본어로 된 작품을 읽고 싶다고 했을 때 좋은 교재로 추천해 왔습니다. 이번에 대역문고를 개편하는 데 같이 작업에 동참하게 되어 매우 기쁩니다.

제가 맡은 것은 『일본의 재미있는 이야기』입니다. 일본에서는 에도 시대(江戸時代 : 1603~ 1867년)에 만담을 엮은 책들이 많이 발간되었습니다. 그 수는 1,200 내지 1,300권이고, 거기에 수록된 이야기는 약 5만 내지 6만에 이른다고 합니다. 물론 약간의 변형에 불과한 것도 있기 때문에 실질적인 이야기는 약 3만이 됩니다. 그래도 어마어마한 숫자지요.

이번에 이 책을 엮으면서 그 당시에 쓰인 원문도 읽고 현대어로 번역 및 각색된 책도 많이 참고하였습니다. 그런 이야기들 중에서 제가 재미있다고 생각한 것을 골라서 일본어 학습자를 위해서 다시 쉽게 썼습니다. 물론 참고한 책들과 비슷한 부분도 있지만, 그대로 베낀 것은 아닙니다. 때로는 이야기 내용도 약간 변형을 하고 쉬운 낱말과 문형을 쓰려고 노력했습니다. 뒤에 참고문헌을 들어 두었기 때문에 관심이 있으신 분들은 일본어만으로 쓰인 책에도 도전해 보십시오.

초고를 읽고 유익한 지적을 해 주신 나카니시 쿄코(中西恭子) 선생님, 토쿠마 하루미(徳間晴美) 선생님, 카와무라 마치코(河村町子) 선생님과 보람 있는 일을 맡겨 주시고 원고를 챙겨 주신 다락원 관계자 분들께 감사를 드립니다.

요시모토 하지메

머리말

『다락원 일한 대역문고』 초급 시리즈는 기초가 약한 학습자들이 일본어 명문들을 즐겁고 효과적으로 읽으며 중급 수준으로 독해력을 발전시키는 것을 목표로 만들었습니다.
어느 정도 일본어의 구조를 익히고 난 초보 학습자가 가장 절실히 느끼는 어려움은 아마도 자연스런 일본어 표현능력과 어휘력의 부족일 것입니다. 초급에서 단문(短文)의 기본문형 연습만 하다가 갑자기 복문(複文), 중급 문형, 관용구 등이 속출하는 중급 교재로 건너뛰면서 학습에 흥미를 잃고 마는 것이 지금까지 일반 학습자들이 밟아온 전철이었기 때문입니다.
그런 점에서 현행 일본 초등학교 국어 교과서에 실린 명문을 비롯한 옛날이야기, 만담, 신화 등 다양한 장르의 이야기들로 구성된 『다락원 일한 대역문고』 시리즈는 쉽고 재미있게, 정확하고 자연스러운 일본어 문장을 익히는 데 좋은 길잡이가 되어 줄 것입니다.

『다락원 일한 대역문고』 시리즈는 사전 없이 편리하게 학습할 수 있도록, 어휘 풀이는 물론 주요 문형에 대한 자세한 해설과 예문을 함께 실었습니다. 본문의 대역은 어휘의 정확한 뜻 전달을 위해 의역(意譯)보다는 직역(直譯)에 가깝도록 했고, 원어민의 정확한 발음으로 녹음된 오디오로 듣기 능력 향상까지 함께 기대할 수 있습니다. 『다락원 일한 대역문고』 시리즈로 일본어를 읽고 듣는 재미를 느껴 보시기 바랍니다.
여러분의 일본어 학습에 도움이 되기를 바랍니다.

다락원 일한 대역문고 연구회

『다락원 일한 대역문고』 이렇게 보세요

어휘 설명

자세한 해설과 함께, 히라가나로 실린 단어 중 한자를 알아두면 좋은 어휘에는 한자 표기를 병기했습니다.
사진 자료는 어휘 해설에 대한 빠르고 정확한 이해를 도와줍니다.

문형 해설

주요 문형의 뜻풀이와 접속을 예문과 함께 알기 쉽게 정리했습니다.

일러두기

일본어의 한국어 표기는 다음과 같습니다.
장음은 단음으로 표기했습니다. 예 大阪 — 오사카
발음 표기는 로마자 표기의 발음에 따랐습니다. 예 つかう (tsukau) — 츠카우
촉음은 'ㅅ'으로 표기했습니다.

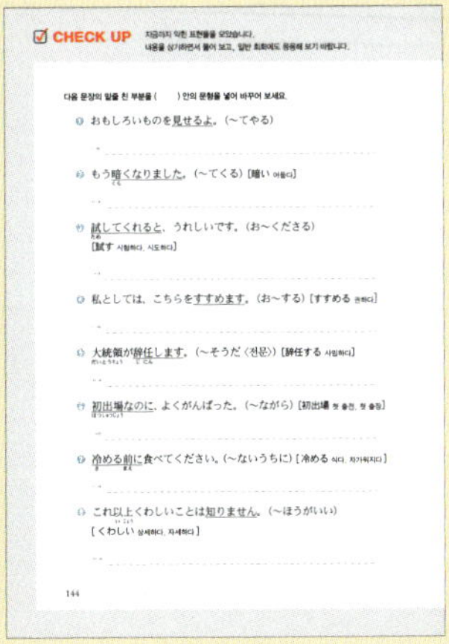
CHECK UP 지금까지 익힌 표현들을 모았습니다.
내용을 상기하면서 풀어 보고, 일반 회화에도 응용해 보기 바랍니다.

다음 문장의 밑줄 친 부분을 (　　) 안의 문형을 넣어 바꾸어 보세요.

1. おもしろいものを見せるよ。(〜てやる)
2. もう暗くなりました。(〜てくる) [暗い 어둡다]
3. 試してくれると、うれしいです。(お〜くださる) [試す 시험하다, 시도하다]
4. 私としては、こちらをすすめます。(お〜する) [すすめる 권하다]
5. 大統領が辞任します。(〜そうだ〈전문〉) [辞任する 사임하다]
6. 初出場なのに、よくがんばった。(〜ながら) [初出場 첫 출전, 첫 출장]
7. 冷める前に食べてください。(〜ないうちに) [冷める 식다, 차가워지다]
8. これ以上くわしいことは知りません。(〜ほうがいい) [くわしい 상세하다, 자세하다]

144

CHECK UP

내용 이해와 더불어 중요 문형에 대한 학습이 깊어집니다.

MP3 파일

원어민 성우의 정확한 내레이션으로 듣는 즐거움도 쌓으세요.

문형 접속 해설에 쓰인 활용형의 설명은 다음과 같습니다.
기본형 — な형용사는 어간에 だ가 붙은 형태, 동사・い형용사는 사전에 실려 있는 형태
보통형 — 기본형, 부정형, 과거형, 과거부정형
て형・た형(과거형) — 각각 て・た가 붙은 형태
연용형 — ます형에서 ます를 뺀 형태
な형용사な・명사の — な형용사 어간에 な가 붙은 형태, 명사에 の가 붙은 형태

목차

일본의 재미있는 이야기

日本のわらいばなし

ぼうえんきょう

ぼうえんきょうというものを初(はじ)めてのぞいた男(おとこ)がかんげきしている[1]。

「うわあ、すごい。あんなに遠(とお)くの橋(はし)がすぐ近(ちか)くに見(み)える」

- ぼうえんきょう(望遠鏡) 망원경
- 初(はじ)めて 처음
- のぞく 들여다보다
- かんげき(感激)する 감격하다
- うわあ 와 〈놀라거나 감탄했을 때 내는 소리〉
- すごい 굉장하다
- あんなに 저렇게
- 遠(とお)く 먼 곳 ↔ 近(ちか)く 가까운 곳
- 橋(はし) 다리
- すぐ 바로, 금방
- 近くに 가까이, 가깝게
- 見(み)える 보이다

망원경이라는 것을 처음 들여다본 남자가 감격하고 있다.

"와, 굉장해. 저렇게 멀리 있는 다리가 바로 가까이에 보인다."

1 **~ている ~고 있다, ~어 있다** [동사 て형+いる]

동작의 진행이나 상태의 지속을 나타낸다. 회화체에서 흔히 ~てる로 줄어든다.

子(こ)どもたちが運動場(うんどうじょう)を走(はし)っている。

아이들이 운동장을 달리고 있다.

そのうち、しきりに手(て)を伸(の)ばして、何(なに)かをつかもうとし[2]だし[3]た。横(よこ)で見ていた男がきいた。

「おい、何やってるんだ」

「橋の上(うえ)に金(かね)が落(お)ちてるんだ」

- そのうち 좀 이따가, 머지않아, 그러는 사이에
- しきりに 자꾸, 빈번하게
- 手(て)を伸(の)ばす 손을 뻗다
- つかむ 잡다, 붙잡다
- 横(よこ) 옆
- 見(み)る 보다
- きく 묻다
- おい 이봐, 야 〈친한 사이나 손아랫사람을 부르는 말〉
- やる 하다
- 上(うえ) 위 ↔ 下(した) 아래
- 金(かね) 돈
- 落(お)ちる 떨어지다

좀 이따가 자꾸 손을 뻗어 뭔가를 잡으려고 하기 시작했다. 옆에서 보고 있던 남자가 물었다.

"야, 뭐 하는 거야?"

"다리 위에 돈이 떨어져 있어."

2　~(よ)うとする　~(으)려고 하다 [동사 의지형+とする]

어떤 행위를 하려고 노력하거나 시도한다는 뜻을 나타낸다.

さっきから名前(なまえ)を思(おも)い出(だ)そうとしているのですが…。
아까부터 이름을 생각해 내려고 하고 있는데….

3　~だす　~기 시작하다 [동사 연용형+だす]

동작이나 작용의 시작을 나타낸다.

みんながいっせいに笑(わら)いだした。 모두가 일제히 웃기 시작했다.

へたくそなかさ屋(や)

あるところにへたくそなかさ屋(や)があった。その日(ひ)も、できそこないのかさを八本(はっぽん)も作(つく)ってしまった[1]。開(ひら)きっぱなし[2]でたためないのだ。

「まったくお前(まえ)さんはどうしようもないね」

妻(つま)が小言(こごと)を言(い)っていると、急(きゅう)に雨(あめ)が降(ふ)りだした。

- □ へたくそだ　몹시 서투르다, 어설프다
- □ かさ屋(かさや)　우산 가게
- □ ある　어느, 어떤
- □ できそこない　잘못됨, 불완전함, 덜됨
- □ 作(つく)る　만들다
- □ 開(ひら)く　열다, 열리다, 펴다
- □ たたむ　접다, 이불 등을 개다
- □ まったく　정말로
- □ お前(まえ)さん　당신
- □ どうしようもない　어쩔 수 없다
- □ 妻(つま)　아내
- □ 小言(こごと)を言(い)う　잔소리를 하다
- □ ～と　~(으)니, ~더니, ~을 때
- □ 急(きゅう)に　갑자기
- □ 雨(あめ)　비
- □ 降(ふ)りだす　(눈 · 비 등이) 내리기 시작하다

멍청한 우산 가게

어느 곳에 멍청한 우산 가게가 있었다. 그날도 잘못된 우산을 8개나 만들어 버렸다. 펴진 채로 접을 수 없는 것이다.

"정말로 당신은 어쩔 수가 없네."

아내가 잔소리를 하고 있을 때 갑자기 비가 내리기 시작했다.

1 ～てしまう ～어 버리다 [동사 て형+しまう]

'마치다, 치우다'라는 뜻의 しまう에서 온 표현으로, 완료의 강조, 감탄, 유감 등의 뜻을 나타낸다. 회화체에서는 ～ちゃう로 줄어들기도 한다.

昨日(きのう)財布(さいふ)をなくしてしまった。 어제 지갑을 잃어버렸다.

2 ～っぱなし ～은 채 [동사 연용형+っぱなし]

'풀다, 놓다'라는 뜻의 はなす에서 온 표현으로, 주로 좋지 않은 일에 사용한다.

窓(まど)が開(あ)けっぱなしだ。 창문이 계속 열려 있다.

かさ屋はできそこないのかさをかついで出(で)かけて、みんな売(う)って来(き)た。

「どんなもんだい。おれも捨(す)てたもんじゃないだろう」

「で、売った代金(だいきん)は？」

「あ、しまった。金もらうの、忘(わす)れてた」

- かつぐ　메다
- 出(で)かける　나가다
- みんな　모두, 다
- 売(う)る　팔다↔買(か)う 사다
- どんなもんだい　어때?〈뽐내면서 하는 말로, だい는 친근감을 담아 부드럽게 말할 때 씀〉
- おれ　나〈주로 남자가 동등하거나 손아랫사람에게 쓰는 말〉
- 捨(す)てたもんじゃない　쓸 만하다 ＝捨てたものではない
- で　그래서 ＝それで
- 代金(だいきん)　대금
- しまった　아차, 아뿔싸, 큰일 났다
- もらう　받다
- 忘(わす)れる　잊다

가게 주인은 잘못된 우산을 둘러메고 나가서 다 팔고 왔다.

"어때? 나도 꽤 쓸 만하지?"

"그래서 우산을 판 대금은요?"

"아차, 돈 받는 걸 잊어버렸어."

焼(や)き氷(ごおり)

真(ま)冬(ふゆ)の朝(あさ)のこと。

「どうりで寒(さむ)いはず[1]だ。こんなに厚(あつ)い氷(こおり)がはってたよ」

息子(むすこ)が取(と)って来(き)た氷を見(み)せた。

「なるほど、これは分厚(ぶあつ)い氷だ」

- 焼(や)く　굽다
- 氷(こおり)　얼음 〈焼(や)き氷(ごおり)는 합성어가 되어 뒷말이 탁음화 되었음〉
- 真冬(まふゆ)　한겨울
- どうりで　과연, 어쩐지, 그럼 그렇지
- 寒(さむ)い　춥다
- こんなに　이렇게
- 厚(あつ)い　두껍다
- はる　덮이다, 깔리다, (얼음이) 얼다
- 息子(むすこ)　아들↔むすめ(娘) 딸
- 取(と)って来(く)る　갖고 오다
- 見(み)せる　보이다
- なるほど　과연, 정말, 아무렴
- 分厚(ぶあつ)い　두껍다, 두툼하다

구운 얼음

어느 한겨울 아침.

"그럼 그렇지. 추운 것도 당연해요. 이렇게 두꺼운 얼음이 얼었어요."

아들이 갖고 온 얼음을 보여 주었다.

"정말 이건 두꺼운 얼음이군."

1 **~はずだ ~을 터이다, ~을 것이다**
[명사の, な형용사な, い형용사 · 동사 보통형+はずだ]
어떤 근거로 인해 당연하다고 판단한 경우, 새로운 사실을 발견함으로써 납득을 하게 된 경우 등에 사용하는 표현이다.

すぐ戻(もど)るはずです。 금방 돌아올 것입니다.

親父(おやじ)は感心(かんしん)しながら[2]言(い)った。

「そういえば、真冬の氷は薬(くすり)だというから、一口(ひとくち)食(く)ってみよう[3]」

「お父さんの歯(は)ではかめないよ」

「そうか、じゃあ、焼(や)いておくれ」

- 親父(おやじ)　아버지 〈친근감을 담아 부르는 말로 주로 남자들이 씀〉 ↔ おふくろ 어머니
- 感心(かんしん)する　감탄하다
- そういえば　그러고 보니까
- 薬(くすり)　약
- ～という　~고 하다
- ～から　~(으)니까
- 一口(ひとくち)　한 입, 한 모금
- 食(く)う　먹다 〈食べる보다 거친 말〉
- お父(とう)さん　아버지 ↔ お母(かあ)さん 어머니
- 歯(は)　이, 이빨
- かむ　깨물다
- じゃあ　그럼 =では
- ～ておくれ　~어 줘

아버지는 감탄하면서 말했다.
"그러고 보니, 한겨울 얼음은 약이라고 하니까 한 입 먹어 보자."
"아버지 이로는 깨물 수 없어요."
"그래? 그럼 구워 줘."

---

2 ～ながら ～(으)면서 [동사 연용형+ながら]
동작이나 작용이 동시에 이루어짐을 나타낸다.

お茶(ちゃ)を飲(の)みながら話(はなし)をする。 차를 마시면서 이야기를 한다.

3 ～てみる ～어 보다 [동사 て형+みる]
어떤 동작을 시험 삼아 하는 것을 나타낸다. 見(み)る에서 온 표현이다.

いろいろ試(ため)してみました。 여러 가지 시도를 해 보았습니다.

へびになれ[1]

ある男(おとこ)がためたお金(かね)をつぼに入(い)れて土(つち)にうめた。

その時(とき)、お金に向(む)かって言(い)いつけた。

「いいか。人(ひと)に見(み)つかったら、へびになれよ」

- へび 뱀
- なる 되다
- ためる 모으다
- つぼ 단지, 항아리
- 入(い)れる 넣다
- 土(つち) 흙, 땅
- うめる(埋める) 묻다

- 向(む)かう 향하다
- 言(い)いつける 명령하다, 지시하다
- いいか 잘 들어라
- 人(ひと) 사람, 다른 사람
- 見(み)つかる 발견되다, 들키다
- ~たら ~(으)면

한 남자가 모아 둔 돈을 항아리에 넣고 땅에 묻었다. 그때 돈을 향해 명령했다.

"잘 들어. 다른 사람한테 들키면 뱀이 되어라."

1 **~になる ~이(가) 되다** [명사, な형용사 어간+になる]
변화를 나타낸다. 'に'라는 조사가 쓰이는 점에 주의할 것.

氷(こおり)がとけて水(みず)になる。 얼음이 녹아서 물이 된다.

その様子(ようす)を陰(かげ)から見(み)ていた別(べつ)の男(おとこ)が、つぼを掘(ほ)り出(だ)して、お金(かね)のかわりにへびを入(い)れておいた[2]。

数日(すうじつ)してから[3]、男がつぼを取り出してみると、なんとへびがはい出(だ)してきた。

「おい、こら、おれだよ。間違(まちが)えるな」

- 様子(ようす) 상황, 모양
- 陰(かげ) 뒤, 그늘, 응달
- 別(べつ)の 다른
- 掘(ほ)り出(だ)す 파내다
- ～かわりに ～대신에
- 数日(すうじつ)する 며칠이 지나다
- 取(と)り出(だ)す 꺼내다
- なんと 참으로, 얼마나, 어찌, 어머나
- はい出(だ)す 기어나오다, 기어나가다
- こら 야, 이봐, 이놈
- 間違(まちが)える 착각하다, 실수하다
- ～な ～지 마 〈동사 기본형에 붙어 금지를 나타냄〉

그 상황을 뒤에서 보고 있던 다른 남자가 항아리를 파내고 돈 대신에 뱀을 넣어 두었다.

며칠 지나서 남자가 항아리를 꺼내 보니, 어찌된 일인지 뱀이 기어나왔다.

"야, 이봐, 나야. 착각하지 마."

2 ～ておく ~어 두다 [동사 て형+おく]

'두다, 놓다'라는 뜻의 置(お)く에서 온 표현으로, 어떤 동작의 결과가 유지되도록 한다는 뜻을 나타낸다. 회화체에서는 ～とく가 되기도 한다.

荷物(にもつ)はここに置(お)いておきました。 짐은 여기에 놓아 두었습니다.

3 ～てから ~고 나서 [동사 て형+から]

어떤 일이 먼저 일어난 뒤에 다른 일이 일어남을 나타낸다.

きちんと調(しら)べてから発表(はっぴょう)します。
제대로 조사하고 나서 발표하겠습니다.

火事(かじ)

あるところで大火事(おおかじ)があって、やじうまが集(あつ)まった。やじうまの一人(ひとり)が火事場(かじば)の炎(ほのお)でタバコに火(ひ)をつけようとした。家(いえ)を焼(や)け出(だ)された[1]男がそれを見て、かんかんに怒(おこ)った。

- 火事(かじ) 화재
- ところ(所) 곳, 장소
- 大火事(おおかじ) 큰 화재
- やじうま 구경꾼
- 集(あつ)まる 모이다
- 火事場(かじば) 화재 현장
- 炎(ほのお) 화염, 불길
- タバコ 담배
- 火(ひ)をつける 불을 붙이다
- 家(いえ) 집
- 焼(や)け出(だ)される 집이 불타 살 곳이 없어지다, 집을 잃다
- かんかんに 불같이
- 怒(おこ)る 화내다

어느 곳에서 큰 화재가 일어나 구경꾼들이 모여들었다. 구경꾼 중의 한 사람이 화재 현장의 불로 담뱃불을 붙이려고 했다. 화재로 집을 잃은 남자가 그것을 보고 불같이 화를 냈다.

1　~(ら)れる　~어지다, ~당하다, ~받다, ~되다

[동사 어간+られる／aれる] (예외 : する→される, 来(く)る→来(こ)られる)

어떤 동작이나 작용을 받는다는 뜻을 나타낸다.

この工場(こうじょう)では一日(いちにち)に3千台(さんぜんだい)の自動車(じどうしゃ)が作(つく)られている。 이 공장에서는 하루에 3천 대의 자동차가 만들어지고 있다.

「こら、ふざけたまねをするな。こっちの気持(きも)ちにもなってみろ」

そう言われたやじうまも黙(だま)っていない。

「ちぇっ、けちなやろうだ。今度(こんど)、おれの家(いえ)が焼(や)けても、お前(まえ)には火(ひ)の粉(こ)もやらないからな」

- ふざける 까불다, 장난치다, 돼먹지 못하다
- まね 짓, 흉내
- 気持(きも)ち 기분, 마음
- 黙(だま)る 가만히 있다, 입을 다물다
- ちぇっ 체 〈마땅치 않을 때 등에 내는 소리〉
- けちだ 구두쇠다, 치사하다
- やろう 놈, 녀석
- 今度(こんど) 다음, 이번
- 焼(や)ける 불타다
- ～ても ~어도, ~더라도
- お前(まえ) 너 〈주로 남자가 동등하거나 손아랫사람에게 쓰는 말〉
- 火(ひ)の粉(こ) 불티, 불똥, 불씨
- やる 주다
- ～な ~ 말이다 〈다짐을 나타내는 말〉

"야, 돼먹지 못한 짓 하지마. 우리 입장도 돼 봐."
그 말을 들은 구경꾼도 가만히 있지 않는다.
"체, 치사한 놈. 다음에 우리 집이 불에 타도 너한테는 불씨도 안 줄 테다."

かきの木(き)

ある家(いえ)のりっぱなかきの木(き)においしそうな[1]実(み)がなった。しかし、毎日毎日(まいにちまいにち)カラスがよって来(き)て、うるさくてたまらない[2]。

- かきの木(き) 감나무
- りっぱだ(立派だ) 훌륭하다, 멋지다
- おいしい 맛있다
- 実(み) 열매
- なる 맺다, 열리다
- しかし 그러나
- 毎日毎日(まいにちまいにち) 매일 매일
- カラス 까마귀
- よる 접근하다, 몰리다, 모이다, 들르다
- うるさい 시끄럽다

감나무

어느 집의 훌륭한 감나무에 맛있어 보이는 감이 열렸다. 그러나 매일 매일 까마귀가 모여들어 시끄러워서 견딜 수가 없다.

1 **~そうだ ~것 같다** [な형용사 · い형용사 어간, 동사 연용형+そうだ]
말하는 사람이 보거나 들은 것으로부터 판단한 양태를 나타낸다.

わあ、おもしろそうですね。 와, 재미있어 보이네요.

2 **~てたまらない ~어서 견딜 수 없다** [い형용사 て형+たまらない]
감정 · 감각 · 욕구 등의 정도가 심해서 억누를 수 없음을 나타낸다.

近(ちか)ごろ、暑(あつ)くてたまりませんね。 요즘 더워 죽겠어요.

しっ、しっ、と追(お)い払(はら)おうとしても、カラスどもはいっこうに逃(に)げようともしない。

頭(あたま)に来(き)た家(いえ)の主人(しゅじん)、おのでかきの木(き)を切(き)り倒(たお)してしまった。

「これで来年(らいねん)からは、かきがなっても静(しず)かだろ」

- しっ、しっ　저리 가
- 追(お)い払(はら)う　내쫓다, 쫓아버리다
- ～ども　~들
- いっこうに　전혀, 조금도
- 逃(に)げる　도망치다
- 頭(あたま)に来(く)る　화가 나다, 약이 오르다
- 主人(しゅじん)　주인
- おの　도끼
- 切(き)り倒(たお)す　베어 넘어뜨리다
- これで　이것으로, 이렇게 하면
- 来年(らいねん)　내년
- ～から　~부터
- 静(しず)かだ　조용하다
- ～だろ　~이겠지 〈～だろう의 줄임말〉

'저리 가' 하고 내쫓으려고 해도 까마귀들은 전혀 날아갈 생각도 하지 않는다.

화가 난 집 주인은 도끼로 감나무를 베어 넘어뜨려 버렸다.

"이러면 내년부터는 감이 열려도 조용하겠지."

おつかい

ある店(みせ)の主人(しゅじん)が雑用係(ざつようがかり)を呼(よ)んでおつかいを言(い)いつけた。

「ちょっと隣町(となりまち)の町長(ちょうちょう)さんのところへ行(い)って来(き)てほしい[1]んだが」

「はいっ」

あわて者(もの)の雑用係、用事(ようじ)も聞(き)かずに[2]飛(と)び出(だ)した。

- おつかい 심부름
- 店(みせ) 가게
- 雑用係(ざつようがかり) 잡무 담당자, 심부름꾼
- 呼(よ)ぶ 부르다
- ちょっと 조금, 좀
- 隣町(となりまち) 옆 동네, 옆 마을
- 町長(ちょうちょう) 촌장, 동장
- ～んだ ~인 것이다 =～のだ
- ～が ~지만, ~는데
- あわて者(もの) 덜렁이
- 用事(ようじ) 할일, 볼일, 용건
- 聞(き)く 듣다
- 飛(と)び出(だ)す 뛰어나오다, 뛰어나가다

심부름

어느 가게 주인이 심부름꾼을 불러 심부름을 시켰다.
"잠깐 옆 마을 촌장님 댁에 다녀와 주었으면 좋겠는데."
"옛."
덜렁이 심부름꾼은 용건도 듣지 않고 뛰어나갔다.

---

1 ～てほしい ～기 바라다 [동사 て형+ほしい]

말하는 이(의문문에서는 듣는 이)의 희망이나 요구를 나타낸다.

この問題(もんだい)を教(おし)えてほしいんですけど。
이 문제를 가르쳐 주시겠습니까?

2 ～ず(に) ～지 않고 [동사 부정형(ない 삭제)+ず(に)] (단, する→せず)

～ず는 현대어 ～ない에 해당하는 옛말로, 부정을 나타낸다.

自分(じぶん)は何(なに)もせずに、あれこれ言(い)わないでください。
자기는 아무것도 안 하고 이러니저러니 말하지 마세요.

「そそっかしいやつだ」

主人があきれていると、間(ま)もなく雑用係が帰(かえ)って来た。

「用事も聞(き)かないで行くやつがあるか」

「町長さんは留守(るす)でした。ああ、用事を聞かないでおいてよかった。とんだむだ足をふむところ[3]だった」

- そそっかしい 덜렁대다, 경솔하다
- やつ 놈, 녀석
- あきれる 기가 막히다, 질리다
- 間(ま)もなく 얼마 안 되어, 곧
- 帰(かえ)る 돌아오다, 돌아가다
- ~ないで ~지 않고
- 留守(るす) 부재중
- よかった 다행이다
- とんだ 당치도 않은, 턱없는, 엉뚱한
- むだ足(あし)をふむ 헛걸음을 하다

"덜렁대는 녀석이군."

가게 주인이 기가 막혀 있는데, 얼마 안 되어 심부름꾼이 돌아왔다.

"용건도 듣지 않고 가는 녀석이 어디 있어?"

"촌장님은 안 계셨습니다. 아, 용건을 안 들어서 다행이다. 쓸데없이 헛걸음 할 뻔했네."

3 **~ところだった ~을 뻔했다** [동사 기본형+ところだった]

어떤 일이 일어나기 직전의 상태까지 갔음을 나타낸다.

もう少(すこ)しで大(おお)きな事故(じこ)になるところだった。

하마터면 큰 사고가 날 뻔했다.

さむらいとかご屋(や)

さむらいがかご屋(や)を呼(よ)び止(と)めて言った。

「代金(だいきん)ははずむから急(いそ)いでくれ[1]」

「かしこまりました」

しかし、途中(とちゅう)で後(あと)から来たかごに追(お)い越(こ)されてしまった。

- さむらい 무사
- かご 가마
- かご屋(や) 가마꾼
- 呼(よ)び止(と)める 불러 세우다
- はずむ (돈을) 넉넉히 주다, 듬뿍 주다
- 急(いそ)ぐ 서두르다
- かしこまりました 알겠습니다 〈わかりました보다 공손한 말〉
- 途中(とちゅう) 도중
- 後(あと) 뒤
- 追(お)い越(こ)す 추월하다

무사와 가마꾼

무사가 가마꾼을 불러 세워 말했다.

"돈은 넉넉히 줄 테니까 서둘러 줘."

"알겠습니다."

그런데 도중에 뒤에서 온 가마에 추월당해 버렸다.

1 ~てくれる ~어 주다 [동사 て형+くれる]

다른 사람이 말하는 이 또는 말하는 이 쪽 사람을 위해 어떤 행위를 함을 나타낸다.

兄(あに)が宿題(しゅくだい)を手伝(てつだ)ってくれた。

형(오빠)이 숙제를 도와주었다.

「おい、もっと急げ。追い越されたじゃないか[2]」

さむらいが文句(もんく)を言うと、かご屋が答(こた)えた。

「あのかごは三人(さんにん)でかついでいるから速(はや)いんですよ」

それを聞いたさむらい、かごから降(お)りて言(い)った。

「そうか。じゃあ、おれも一緒(いっしょ)にかつごう」

- もっと 더, 더욱, 좀 더
- 文句(もんく)を言(い)う 불평하다, 불만을 말하다
- 答(こた)える 대답하다
- 速(はや)い 빠르다
- 降(お)りる 내리다
- 一緒(いっしょ)に 같이, 함께

"이봐, 더 서둘러. 추월당했잖아."
무사가 불평을 하자 가마꾼이 대답했다.
"저 가마는 셋이서 메고 가니까 빠른 겁니다."
그 말을 들은 무사가 가마에서 내리며 말했다.
"그래? 그럼 나도 같이 메지."

2 ~じゃないか ~잖아

[명사, な형용사 어간, い형용사·동사 보통형+じゃないか]

~ではないかが 줄어든 표현으로, 말하는 사람의 놀라움을 나타내거나 듣는 사람에게 확인을 구하는 경우에 사용한다.

そんなことをしたら困(こま)るじゃないですか。 그런 일을 하면 곤란하잖아요.

易者と子ども

道ばたで易者が占いをしているそばへ、子どもたちが集まって、わいわいさわいでいた。

「こら、うるさいぞ。ほかのところで遊べ」

ついにたまりかねた[1]易者がどなった。

「やあい、やあい、へっぽこ易者」

子どもたちは易者をばかにした。

- 易者(えきしゃ) 점쟁이
- 道(みち)ばた 길가
- 占(うらな)いをする 점을 치다, 점을 보다
- そば 가까이, 옆
- わいわい 왁자지껄, 와글와글
- さわぐ(騒ぐ) 떠들다
- ～ぞ ～말이야, ～구나 〈대등한 사람이나 손아랫사람에게 자기 생각을 강하게 주장할 때 씀〉
- ほかの 다른
- 遊(あそ)ぶ 놀다
- ついに 드디어, 마침내, 결국
- たまる 참다, 견디다
- どなる 호통치다, 고함치다, 소리치다
- やあい 야 〈놀릴 때 하는 말〉
- へっぽこ 돌팔이, 풋내기
- ばかにする 깔보다, 업신여기다, 놀리다

길가에서 점쟁이가 점을 보고 있는 옆에 아이들이 모여서 큰 소리로 떠들고 있었다.

"야, 시끄럽다. 다른 데 가서 놀아라."

마침내 참지 못한 점쟁이가 소리를 질렀다.

"야, 야, 돌팔이 점쟁이."

아이들은 점쟁이를 놀렸다.

1 ～かねる ～기 어렵다 [동사 연용형+かねる]

어떤 일을 하기가 곤란하거나 불가능함을 나타낸다.

その意見(いけん)には賛成(さんせい)しかねます。 그 의견에는 찬성하기 어렵습니다.

「商売(しょうばい)のじゃまをするな。いったい、どこのがきどもだ」

と易者が怒(おこ)ると、

「くやしかったら、当(あ)ててみな[2]」

子どもたちは、いっせいにはやしたてて、あっというまに走(はし)り去(さ)った。

- 商売(しょうばい) 장사
- じゃま 방해, 훼방
- いったい 도대체
- がき 새끼, 녀석, 꼬마
- くやしい 분하다
- 当(あ)てる 맞히다
- いっせいに 일제히
- はやしたてる 놀려대다, 요란하게 소리를 지르다
- あっというまに 순식간에, 눈 깜짝할 사이에
- 走(はし)り去(さ)る 달려가다

"장사 방해하지 마. 도대체 어디 녀석들이야?"
라고 점쟁이가 화를 냈더니,

"억울하면 맞혀 보세요."

아이들은 일제히 놀려대며 눈 깜짝할 사이에 달려갔다.

2 ～な ～어라 [동사 연용형+な]

～なさい(～세요)의 줄임말로, 단순 명령형보다 부드럽고 ～なさい보다 거친 명령을 나타낸다.

さっさと行(い)きな。 얼른 가.

星(ほし)とり

昔(むかし)あるところに、少(すこ)しとぼけた親父(おやじ)と息子(むすこ)が住(す)んでいた。

ある夜(よ)、親父が外(そと)から帰(かえ)ってみると、息子が庭(にわ)に出(で)て、物干(ものほ)しざおを空(そら)に向(む)かって振(ふ)り回(まわ)している。

「何(なに)してるんだ」

- 星(ほし) 별
- とる 따다, 잡다
- 昔(むかし) 옛날
- 少(すこ)し 조금, 약간
- とぼける 얼빠지다, 멍청하다
- 住(す)む 살다
- 夜(よる) 밤
- 外(そと) 밖
- 庭(にわ) 뜰, 마당
- 出(で)る 나가다, 나오다
- 物干(ものほ)しざお 장대, 빨랫대
- 空(そら) 하늘
- 振(ふ)り回(まわ)す 휘두르다

별 따기

옛날 어느 곳에 조금 모자란 아버지와 아들이 살고 있었다.

어느 날 밤에 아버지가 밖에서 돌아와 보니, 아들이 마당에 나와서 장대를 하늘로 향해 휘두르고 있다.

"뭐 하고 있니?"

「見(み)ればわかるだろ。あんまり星(ほし)がきれいなもんだから[1]、二つ三つたたき落(お)とそうとしてるんだけど、この物干しざおじゃ届(とど)かないんだ」

それを聞いて親父が言った。

「おい、ちょっとは頭(あたま)を使(つか)え。星は空(そら)高(たか)くにあるんだ。こんなところで物干しざおを振り回しても、とれるわけがない[2]だろう。屋根(やね)に上(あ)がってとれ」

「そうか。さすが親父」

- わかる 알다, 이해되다
- あんまり 너무 =あまり
- きれいだ 아름답다, 깨끗하다
- たたき落(お)とす 때려서 떨어뜨리다
- ～けど ~지만, ~는데
- 届(とど)く 닿다
- 頭(あたま)を使(つか)う 머리를 쓰다
- 高(たか)く 높이, 높게
- 屋根(やね) 지붕
- 上(あ)がる 오르다
- さすが 역시, 과연

"보면 아시잖아요. 별이 너무 아름다워서 두어 개 떨어뜨리려고 하는데, 이 장대로는 닿지 않아요."

그 말을 들은 아버지가 말했다.

"얘야, 좀 머리를 쓰거라. 별은 하늘 높이 있는 거야. 이런 곳에서 장대를 휘둘러 봤자 딸 수 있을 리가 없지. 지붕으로 올라가서 따라."

"그렇구나. 역시 아버지시다."

1 **~もんだから ~이기 때문에** [な형용사な, い형용사·동사 보통형+もんだから]

~ものだから가 줄어든 표현으로, 원인·이유를 나타낸다. 중대하거나 정도가 심하기 때문에 어떤 행위를 한다는 의미로 사용하는 경우가 많다.

あまりにも静(しず)かなものだから、誰(だれ)もいないかと思(おも)った。
너무 조용하기 때문에 아무도 없는 줄 알았다.

2 **~わけがない ~을 리가 없다**
[명사の, な형용사な, い형용사·동사 보통형+わけがない」

'이유, 까닭'이라는 뜻의 명사 わけ에서 온 표현으로, 그러한 일이 성립될 이유나 가능성이 없다는 강한 주장을 나타낸다.

子(こ)どもにわかるわけがないよ。 어린 아이가 이해할 리가 없어.

☑ CHECK UP

지금까지 익힌 표현들을 모았습니다.
내용을 상기하면서 풀어 보고, 일반 회화에도 응용해 보기 바랍니다.

다음 문장의 밑줄 친 부분을 (　　) 안의 문형을 넣어 바꾸어 보세요.

❶ 飛行機が空を飛ぶ。(〜ている)
　ひこうき　そら　と

→

❷ 授業中についねむった。(〜てしまう) [ねむる 잠들다]
　じゅぎょうちゅう

→

❸ 初めて見た飲み物を飲んだ。(〜てみる)
　はじ　の　もの

→

❹ 荷物はドアの横に置きます。(〜ておく)
　にもつ　よこ　お

→

❺ かれは真実を話しました。(〜てくれる)
　しんじつ

→

❻ もっと練習します。(〜てから) 大会に出ます。
　れんしゅう　たいかい　で

→

❼ あの人、どうして急に怒ったんだろう。(〜だす) [急に 갑자기]
　ひと　きゅう　おこ

→

❽ がまんしないで、ダイエットができます。(〜ずに)
[がまんする 참다, 인내하다]

→

⑨ チームのメンバー全員(ぜんいん)が理解(りかい)する。(～てほしい)

[理解する 이해하다]

→

⑩ 明日は雨が降る。(～そうだ 〈추측〉)

→

⑪ その質問(しつもん)には答(こた)えることができません。(～かねる)

→

⑫ ちょっと間違(まちが)えば、大事故(だいじこ)になった。(～ところだった)

[間違える 틀리다, 잘못하다]

→

⑬ このままでは終(お)わらない。(～わけがない)

→

⑭ 犬が子どもにかみついた。(～られる)　[かみつく 달려들어 물다]

→

走(はし)りの名人(めいじん)

あるところに、めっぽう足(あし)の速(はや)い男(おとこ)がいた。走(はし)ることにかけては[1]誰(だれ)にもひけをとったことがない[2]。

ある時(とき)、男の家(いえ)にどろぼうが入(はい)った。男はガサゴソする物音(ものおと)に気(き)づいて目(め)を覚(さ)まし、逃(に)げ出(だ)したどろぼうを追(お)いかけた。

- □ 走(はし)り　달리기
- □ 名人(めいじん)　명인, 명수
- □ めっぽう　대단히, 매우, 굉장히
- □ 足(あし)が速(はや)い　달리기가 빠르다
- □ 誰(だれ)　누구, 아무
- □ ひけをとる　뒤지다
- □ どろぼうが入(はい)る　도둑이 들다
- □ ガサゴソ　부스럭부스럭, 버스럭버스럭
- □ 物音(ものおと)　소리
- □ 気(き)づく　알아차리다, 눈치 채다, 깨닫다
- □ 目(め)を覚(さ)ます　눈을 뜨다, 잠이 깨다
- □ 逃(に)げ出(だ)す　도망치다, 달아나다
- □ 追(お)いかける　뒤쫓다

달리기 명인

어느 곳에 몹시 달리기를 잘하는 남자가 있었다. 달리기에 있어서는 아무에게도 뒤진 적이 없다.

어느 날 남자 집에 도둑이 들었다. 남자는 부스럭부스럭 하는 소리를 듣고 잠이 깨어 도망친 도둑을 쫓아갔다.

---

1 ~にかけては ~에 관해서는 [명사+にかけては]

어떤 기술이나 능력에 대한 평가를 하는 경우에 쓰는 표현이다.

彼(かれ)は語学(ごがく)にかけては天才(てんさい)だ。
그는 어학에 관해서는 천재다.

2 ~たことがある(ない) ~은 적이 있다(없다) [동사 た형+ことがある(ない)]

과거 경험의 유무를 나타낸다.

まだ海外旅行(かいがいりょこう)をしたことがありません。
아직 해외 여행을 한 적이 없습니다.

途中で知り合いにバッタリ会って話しかけられた。

「そんなに急いでどこに行くんだい」

「どろぼうを追いかけてるんだ」

「何だって[3]。で、そのどろぼうはどこだ」

「しまった。さっき追い越した」

- 知(し)り合(あ)い　서로 아는 사람
- バッタリ　뜻밖에, 우연히, 딱
- 話(はな)しかける　말을 걸다
- そんなに　그렇게
- さっき　아까

도중에 아는 사람을 우연히 만났는데, 그 사람이 말을 걸어 왔다.
"그렇게 서둘러서 어디를 가?"
"도둑을 쫓고 있어."
"뭐라고? 그래서 그 도둑은 어디 있어?"
"아차, 아까 추월해 버렸다."

---

3 ～って ～라고 [명사だ, な형용사·い형용사·동사 보통형+って]

상대방의 말을 받아 반문할 때 쓰는데, 말끝을 살짝 올려 말한다. ～って는 ～と의 구어적 표현이다.

急用(きゅうよう)ができたって？ 급한 일이 생겼다고?

黙(だま)りくらべ

ある夫婦(ふうふ)が、隣(となり)から大(おお)きなまんじゅうを一(ひと)つもらった。この夫婦、二人(ふたり)とも大(だい)の甘(あま)いもの好(ず)きで、まるごと一つ食(た)べたくて[1]しかたがない。[2]

そこで、亭主(ていしゅ)が提案(ていあん)した。

「これから黙(だま)りくらべをしようじゃないか。先(さき)に

- くらべる 비교하다, 겨루다
- 夫婦(ふうふ) 부부
- 隣(となり) 이웃, 이웃집
- 大(おお)きな 큰, 커다란
- まんじゅう 찐빵
- ～とも ～전부, ～다, ～함께
- 大(だい)の 대단한, 굉장한
- 甘(あま)い 달다
- もの 것, 물건
- ～好(ず)き ～을 좋아함, ～을 좋아하는 사람
- まるごと 통째로, 온통, 있는 그대로
- 食(た)べる 먹다
- そこで 그래서
- 亭主(ていしゅ) 남편
- 提案(ていあん)する 제안하다
- これから 앞으로, 이제부터
- ～(よ)うじゃないか ～자, ～지 않을래?
- 先(さき)に 먼저

어떤 부부가 옆집에서 큰 찐빵을 하나 얻었다. 이 부부, 둘 다 굉장히 단것을 좋아해 한 개 몽땅 먹고 싶어 안달이다.

그래서 남편이 제안했다.

"지금부터 말 안 하기 시합을 하자. 먼저

1 ～たい ～고 싶다 [동사 연용형+たい] 〈예외 : なさりたい(~시고 싶다), いらっしゃりたい(가시고 · 계시고 · 오시고 싶다) 등〉

말하는 이(의문문에서는 듣는 이)의 욕구나 희망을 나타낸다.

冷(つめ)たいジュースが飲(の)みたい。 차가운 주스를 마시고 싶다.

2 ～てしかたがない ～어서 어쩔 줄 모르다

[な형용사で, い형용사 · 동사 て형+しかたがない]

사람이 통제할 수 없는 감정이나 일이 저절로 일어난다는 것을 나타낸다.

僕(ぼく)は子(こ)どもがかわいくてしかたがないんです。

나는 아이가 귀여워서 어쩔 줄 모르겠어요.

しゃべった方(ほう)が負(ま)けだ。それで、勝(か)った方がこのまんじゅうを食(た)べるということにし[3]よう」

女房(にょうぼう)も喜(よろこ)んで承知(しょうち)した。かなりの時間(じかん)がたったが、どちらも一言(ひとこと)もしゃべらない。そこへどろぼうが入(はい)って来(き)た。どろぼうはじっと黙っている夫婦を見(み)て、みょうな家だと思(おも)いつつ[4]も、いそいそと仕事(しごと)をし、大(おお)きなふろしき包(づつ)みを抱(かか)えて出(で)ていった。さすがにたまりかねた女房が声(こえ)を発(はっ)した。

「どろぼうが入(はい)って来(き)たっていうのに、どうして黙(だま)ってるの」

亭主はほくほく顔(がお)で言った。

「やった。このまんじゅうはおれのものだ」

- しゃべる 말하다, 이야기하다
- ～方(ほう) ～쪽, ～편, ～방향
- 負(ま)ける 지다
- 勝(か)つ 이기다
- 女房(にょうぼう) 아내, 마누라
- 喜(よろこぶ) 기뻐하다
- 承知(しょうち)する 승낙하다
- かなりの 상당한
- 時間(じかん)がたつ(経つ) 시간이 지나다
- 一言(ひとこと) 한 마디
- じっと 가만히, 꼼짝 않고
- みょうだ 이상하다
- 思(おも)う 생각하다, 여기다
- いそいそと 부랴부랴, 부지런히
- 仕事(しごと) 일
- ふろしき包(づつ)み 보따리 〈ふろしき 보자기〉
- 抱(かか)える 안다, 품다
- さすがに 역시, 과연, 아무래도
- 声(こえ)を発(はっ)する 소리를 내다
- ～(っていう)のに ~는데
- どうして 어째서, 왜
- ほくほく顔(がお) 흡족한 얼굴
- やった 됐다, 해냈다, 아싸

말을 하는 쪽이 지는 거야. 그래서 이긴 쪽이 이 찐빵을 먹는 것으로 하자."

아내도 기꺼이 승낙했다. 상당한 시간이 지났지만 어느 쪽도 한 마디도 하지 않는다. 그때 도둑이 들어왔다. 도둑은 가만히 입을 다물고 있는 부부를 보고 이상한 집이라고 생각하면서도 부랴부랴 일을 하고 큰 보따리를 안고 나갔다. 끝내 참다 못해 아내가 소리를 냈다.

"도둑이 들어왔는데도 왜 말을 안 해요?"

남편은 흡족한 표정으로 말했다.

"아싸, 이 찐빵은 내 거야."

3 ～ことにする ～기로 하다 [동사 보통형+ことにする]

어떤 행위에 대한 결정 · 결의를 나타낸다.

毎朝(まいあさ)、運動(うんどう)することにしました。
매일 아침에 운동하기로 했습니다.

4 ～つつ ～면서 [동사 연용형+つつ]

어떤 동작과 동시에 다른 동작도 하는 것을 나타낸다.

みなさまのご健康(けんこう)を祈(いの)りつつ、筆(ふで)を置(お)きます。
여러분들의 건강을 빌면서 붓을 놓겠습니다.

ものわすれ

しょっちゅうものわすれをする人(ひと)たちがたまたま集(あつ)まって相談(そうだん)をした。

「毎月(まいつき)一回(いっかい)、みんなで集まって、忘(わす)れたことを思(おも)い出(だ)すようにしたら[1]どうだろう」

「それはいい考(かんが)えだ。じゃあ、さっそく、あさって二十一日(にじゅういちにち)の夜(よる)に集まろう」

- ものわすれ 건망, 건망증
- しょっちゅう 자주
- たまたま 우연히
- 相談(そうだん) 상담, 의논
- 毎月(まいつき) 매달, 매월
- ～回(かい) ~번
- 忘(わす)れる 잊다
- 思(おも)い出(だ)す 생각해 내다
- いい 좋다
- 考(かんが)え 생각
- さっそく 곧, 즉시, 당장
- あさって 모레

자주 잊어버리는 사람들이 우연히 모여서 의논을 했다.

"매달 한 번 다 같이 모여서 잊은 것을 생각해 내도록 하면 어떨까?"

"그거 좋은 생각이야. 그럼 당장 모레 21일 밤에 모이자."

1 ~ようにする ~도록 하다 [동사 보통형+ようにする]

어떤 행위나 상황을 성립시키기 위해 노력하거나 배려한다는 뜻을 나타낸다.

約束(やくそく)は必(かなら)ず守(まも)るようにしている。

약속은 반드시 지키도록 하고 있다.

「場所(ばしょ)は金兵衛(きんべえ)さんの家がいい」

「みんな、忘れないように」

その日(ひ)、金兵衛さんの家では、きれいにそうじをして、ごちそうまで並(なら)べて、みんなが来(く)るのを待(ま)っていた。ところが、誰一人(だれひとり)やって来(こ)ない。

「遅(おそ)いなあ。みんな、何(なに)をしてるんだ」

金兵衛さんは番頭(ばんとう)を呼(よ)んだ。

「みんな、二十一日の約束(やくそく)を忘れているのかもしれない[2]。ちょっと呼(よ)び集(あつ)めて来(き)てくれ」

番頭があきれた顔(かお)で言った。

「今日(きょう)は二十二日(にじゅうににち)ですけれども」

- 場所(ばしょ) 장소
- そうじ 청소
- ごちそう 맛있는 음식, 진수성찬
- 並(なら)べる 차리다, 죽 늘어놓다
- 待(ま)つ 기다리다
- ところが 그러나, 그런데
- 誰一人(だれひとり) 아무도, 누구 한 사람
- やって来(く)る 오다, 찾아오다
- 遅(おそ)い 늦다
- ～なあ ~구나, ~군
- 番頭(ばんとう) 고용인의 우두머리, 지배인
- 約束(やくそく) 약속
- 呼(よ)び集(あつ)める 불러 모으다
- ～けれども ~지만, ~는데

"장소는 킨베 씨 집이 좋겠다."

"모두들 잊지 말게."

그날 킨베 씨 집에서는 깨끗이 청소를 하고 맛있는 음식도 차리고 모두가 오는 것을 기다리고 있었다. 그런데 아무도 오지 않는다.

"늦네. 다들 뭘 하고 있는 거야?"

킨베 씨는 지배인을 불렀다.

"모두들 21일 약속을 잊었을지도 몰라. 좀 불러 모아 줘."

지배인이 기가 막힌 표정으로 말했다.

"오늘은 22일인데요."

2 ~かもしれない ~을지 모르다

[명사, な형용사 어간, い형용사 · 동사 보통형+かもしれない]

가능성이 있으나 불확실함을 나타낸다.

明日(あした)は雨(あめ)が降(ふ)るかもしれない。 내일은 비가 올지도 모르겠다.

汗の引っ越し

夏の真っ盛り。かんかん照りのなかを、主が汗だくで帰って来た。

「ふうっ、暑い、暑い」

主は着物を脱ぎ捨て、ふんどし一丁になると、奉公人を呼んで、大きなうちわであおがせた[1]。

- 汗(あせ) 땀
- 引(ひ)っ越(こ)し 이사 〈引っ越す 이사하다〉
- 夏(なつ) 여름
- 真(ま)っ盛(さか)り 한창
- かんかん照(で)り (햇볕이) 쨍쨍 내리쬠
- なか(なか) 가운데
- 主(あるじ) 주인
- 汗(あせ)だく 땀투성이
- 暑(あつ)い 덥다
- 着物(きもの) 옷
- 脱(ぬ)ぎ捨(す)てる 벗어던지다
- ふんどし 남자의 음부를 가리는 폭이 좁고 긴 천
- 一丁(いっちょう) 한 장, 한 벌
- 奉公人 고용인, 더부살이, 하인
- うちわ 부채
- あおぐ 부채질하다

여름이 한창일 때. 햇볕이 쨍쨍 내리쬐는 가운데 주인이 땀범벅이 되어 돌아왔다.

"아, 더워, 더워."

주인은 옷을 벗어던지고 팬티 바람이 되어 하인을 불러서 큰 부채로 부채질을 하게 했다.

1 **~(さ)せる ~게 하다, ~시키다**

[동사 어간+させる／aせる](예외: する→させる, 来(く)る→来(こ)させる)

다른 사람에게 어떤 일을 하게 함을 나타낸다.

教師(きょうし)が生徒(せいと)たちに歴史(れきし)の年代(ねんだい)を覚(おぼ)えさせた。 교사가 학생들에게 역사 연대를 외우게 했다.

「おい、もっとしっかりあおげ」

「はいっ」

奉公人が必死(ひっし)になってあおぐと、ようやく汗がひいた。

「おお､やっと汗がどこかに行(い)ってくれたようだ[2]」

すかさず、奉公人が答(こた)えた。

「はい、汗はこちらに引(ひ)っ越(こ)してまいりました」

- しっかり 똑바로
- 必死(ひっし)だ 열심이다, 필사적이다
- ようやく 겨우, 간신히, 가까스로
- 汗(あせ)がひく 땀이 식다, 땀이 가라앉다
- やっと 겨우, 간신히, 가까스로
- すかさず 즉각, 즉시
- まいる 가다, 오다 〈行く・来る의 정중어〉

"이봐, 더 세게 부채질 해."

"넷."

하인이 열심히 부채질을 하자 겨우 땀이 식었다.

"아, 겨우 땀이 어디로 가 버린 것 같군."

즉각 하인이 대답했다.

"네, 땀은 이쪽으로 이사 왔습니다."

---

2 ～ようだ ～것 같다 [명사の, な형용사な, い형용사 · 동사 보통형+ようだ]

말하는 사람의 추측을 나타낸다.

あの人(ひと)は私(わたし)がきらいなようです。 그 사람은 나를 싫어하는 것 같습니다.

金(かな)づち

ひどくけちな主人(しゅじん)が奉公人(ほうこうにん)に言(い)いつけた。

「棚(たな)を作(つく)るから、隣(となり)から金(かな)づちを借(か)りて来(き)てくれないか」

奉公人は、隣の主人にたのんだ。

「ちょっと金(かな)づちを貸(か)してください[1]」

隣の主人がたずねた。

「何(なに)に使(つか)うんだい」

- 金(かな)づち　쇠망치
- ひどい　심하다
- 棚(たな)　선반
- 借(か)りる　빌리다
- たのむ(頼む)　부탁하다
- 貸(か)す　빌려 주다
- たずねる　묻다

지독한 구두쇠인 주인이 하인에게 심부름을 시켰다.

"선반을 만들 테니까 옆집에서 쇠망치를 빌려 오너라."

하인은 옆집 주인에게 부탁했다.

"망치를 좀 빌려 주십시오."

옆집 주인이 물었다.

"어디에 쓸 건데?"

1 **〜てくださる ~어 주시다** [동사 て형+くださる]

〜てくれる의 존경표현으로, 다른 사람이 말하는 이 또는 말하는 이 쪽 사람을 위해 어떤 행위를 함을 나타낸다.

先生(せんせい)はいつも丁寧(ていねい)に教(おし)えてくださいます。

선생님은 항상 꼼꼼하게 가르쳐 주십니다.

「棚を作(つく)ります」

「じゃあ、釘(くぎ)を打(う)つんだな。そしたら、金づちがすり減(へ)るじゃないか。貸すわけにはいかない[2]よ」

奉公人が戻(もど)って、事(こと)の次第(しだい)を話(はな)すと、主人はプンプンしながら言った。

「とんでもないけちだな。しかたがない。うちの金づちを使うか」

- 釘(くぎ) 못
- 打(う)つ 박다, 치다
- そしたら 그렇다면 =そうしたら
- すり減(へ)る 닳아서 줄어들다
- 戻(もど)る 되돌아가다, 되돌아오다
- 事(こと)の次第(しだい) 일의 경과, 경위
- 話(はな)す 이야기하다, 말하다
- プンプンする 뾰로통하다, 불퉁거리다
- とんでもない 터무니없다, 당치도 않다
- うち 우리 집

"선반을 만들 겁니다."
"그럼 못을 박는 거네. 그렇다면 망치가 닳아 버리잖아. 빌려 줄 수가 없네."
하인이 돌아와 일의 경위를 말하자 주인은 뾰로통하면서 말했다.
"지독한 구두쇠군. 할 수 없다. 우리 집 망치를 써야지."

2 **~わけに(は)いかない ~을 수(는) 없다** [동사 기본형+わけに(は)いかない]
일반 상식, 사회적 통념, 과거의 경험에 비추어 그렇게 할 수 없다는 뜻을 나타낸다.

この写真(しゃしん)だけは見(み)せるわけにはいきません。
이 사진만은 보여 줄 수 없습니다.

棚

たな

ある人が引っ越しをして、知り合いに棚を作ってもらった[1]。ところが、ものをのせたとたんに[2]バタッと落ちてきた。

次の日、知り合いのところに行って文句を言った。

「あんたの作ってくれた棚、すぐ落ちてしまったじゃないか」

「なに。おれの作った棚がそんな簡単に落ちるはずがない[3]だろう。……ふうむ、もしかすると、棚の上に何かのせたんじゃないか」

- のせる 올리다, 얹다
- バタッと 툭
- 落(お)ちる 떨어지다
- 次(つぎ) 다음
- あんた 너, 당신 ＝あなた
- 簡単(かんたん)に 간단하게
- ふうむ 흠
- もしかすると 어쩌면, 혹시

선반

어떤 사람이 이사를 하고, 아는 사람에게 부탁해서 선반을 만들었다. 그런데 물건을 올리자마자 툭 떨어져 버렸다.

다음날 그 사람 집에 가서 따졌다.

"당신이 만들어 준 선반, 금방 떨어져 버렸잖아."

"뭐라고? 내가 만든 선반이 그렇게 쉽게 떨어질 리가 없는데. ……흠, 혹시 선반 위에 뭔가 올린 거 아니야?"

---

1 ～てもらう ~어 받다, ~어 주다 [동사 て형+もらう]

말하는 이 또는 말하는 이 쪽 사람이 다른 사람으로부터 어떤 행위의 은혜를 받음을 나타낸다. 한국어에서는 행위를 하는 사람을 주어로 하여 '~어 주다'로 해석하는 것이 자연스럽다.

友(とも)だちに作文(さくぶん)を見(み)てもらった。
(친구에게 작문을 보아 달라고 부탁했더니) 친구가 작문을 보아 주었다.

2 ～とたん(に) ~자마자 [동사 た형+とたん(に)]

'때마침, 마침 그때'라는 뜻으로, 문장 첫머리에서는 '갑자기'라는 부사처럼 쓰이기도 한다.

彼(かれ)が来(き)たとたんに、彼女(かのじょ)の態度(たいど)が変(か)わった。
그가 오자마자 그녀의 태도가 바뀌었다.

3 ～はずがない ~을 리가 없다
[명사の, な형용사な, い형용사·동사 보통형+はずがない]

어떤 일이 이상하다, 불가능하다, 있을 수 없다는 강한 의심을 나타낸다.

え、あんな優(やさ)しい人(ひと)がそんなことをするはず(が)ないでしょう。
옛? 그런 상냥한 사람이 그런 짓을 할 리가 없잖아요.

うなぎの代金

あるところに、たいそうけちな男がいた。いつも、うなぎ屋の前を通るのだが、決してお金を払って食べることはなく[1]、ただにおいをかいで行くだけ。

うなぎ屋もうなぎ屋で[2]、男がにおいをかいだ回数を、ちょうぼにつけていた。

- うなぎ 장어
- たいそう 매우, 몹시, 무척
- いつも 항상, 언제나
- 通(とお)る 지나다
- 払(はら)う 지불하다

- ただ 그냥, 다만, 단지, 오로지
- においをかぐ 냄새를 맡다
- ～だけ ～뿐, ～만
- 回数(かいすう) 횟수
- ちょうぼ(帳簿)につける 장부에 기록하다

장어 대금

어느 곳에 굉장한 구두쇠 남자가 있었다. 항상 장어집 앞을 지나가는데, 결코 돈을 내고 먹는 일은 없고 그냥 냄새만 맡고 갈 뿐이다.

장어집도 장어집이어서, 남자가 냄새를 맡은 횟수를 장부에 적고 있었다.

1 決(けっ)して～ない 결코 ~지 않다
[決して+명사 · な형용사 · い형용사 · 동사 부정]
부정이나 금지의 표현과 같이 쓰이며, 그 뜻을 강조하거나 강한 의지 · 결의를 나타낸다.

ありがとうございます。このご恩(おん)は決(けっ)して忘(わす)れません。
감사합니다. 이 은혜는 결코 잊지 않겠습니다.

2 ～も～ ~도 ~ [명사+も+명사]
같은 명사를 되풀이하여 양쪽에 문제가 있다고 비난하는 뜻을 나타낸다.

それはお前(まえ)もお前だよ。 그건 너도 너야.

そして、ある日、うなぎ屋は男の家を訪ねた。

「これまでのうなぎのにおい代、六百文いただきます」

「ほう、たったの六百文か。安いなあ」

男はそう言うと、ふところから財布を取り出して、六百文をてのひらにのせ、チャラチャラと鳴らしてみせた[3]。

「おれはうなぎのにおいをかいだだけだから、銭の音だけ聞かせればいいだろう。代金はたしかに払ったよ」

- 訪(たず)ねる　방문하다, 찾아가다, 찾아오다
- これまで　지금까지
- ～代(だい)　～대금, ～값
- ～文(もん)　～푼 〈일본의 옛날 화폐 단위〉
- いただく　받다 〈もらう의 겸양어〉
- ほう　허
- たった　고작, 겨우
- 安(やす)い　싸다 ↔ 高(たか)い 비싸다
- ふところ(懐)　품
- 財布(さいふ)　지갑
- てのひら　손바닥
- チャラチャラ　잘랑잘랑, 짤랑짤랑
- 鳴(な)らす　소리를 내다, 울리다
- 銭(ぜに)　돈
- 音(おと)　소리
- 聞(き)かせる　들려주다
- ～ば　~(으)면
- たしかに　분명히, 확실히

그리고 어느 날 장어집은 남자 집을 찾아갔다.

"지금까지의 장어 냄새 대금 6백 푼을 주십시오."

"허, 겨우 6백 푼인가. 싸구먼."

남자는 그렇게 말하고는 품에서 지갑을 꺼내고 6백 푼을 손바닥에 얹어 짤랑짤랑 소리를 내어 보였다.

"나는 장어 냄새를 맡았을 뿐이니까 돈 소리만 들려주면 되겠지. 대금은 분명히 냈소."

3 ~てみせる ~어 보이다 [동사 て형+みせる]

소개를 하거나 이해를 돕기 위해 실제 동작으로 보인다는 뜻을 나타낸다.

鈴木(すずき)さんがまず手本(てほん)の動作(どうさ)をしてみせた。

스즈키 씨가 먼저 본보기 동작을 해 보였다.

歩(ある)いて行(い)く

昔(むかし)、あるところに、大変(たいへん)けちな金持(かねも)ちがいた。病気(びょうき)で自分(じぶん)の命(いのち)ももう長(なが)くないことをさとり、家族(かぞく)を集(あつ)めて遺言(ゆいごん)を伝(つた)えた。

「わしが死(し)んでも決(けっ)してよけいな金(かね)を使(つか)うんじゃないぞ。いいか」

- 歩(ある)く 걷다
- 大変(たいへん) 대단히, 매우, 몹시
- 金持(かねも)ち 부자
- 病気(びょうき) 병
- 自分(じぶん) 자기, 자신
- 命(いのち) 목숨
- もう 이제
- 長(なが)い 길다, 오래다
- さとる(悟る) 깨닫다, 알다
- 家族(かぞく) 가족
- 遺言(ゆいごん) 유언
- 伝(つた)える 전하다
- わし 나 〈노인들이 쓰는 말〉
- 死(し)ぬ 죽다 ↔ 生(い)きる 살다
- よけいだ 쓸데없다, 불필요하다

걸어가겠다

옛날 어느 곳에 몹시 구두쇠인 부자가 있었다. 병 때문에 자신의 목숨도 이제 얼마 남지 않은 것을 알고 가족을 모아 유언을 전했다.

"내가 죽어도 결코 쓸데없는 돈을 쓰지 말거라. 알겠느냐?"

「わかりました。おっしゃるとおりに[1]いたします。お葬式(そうしき)はどうしましょう。みこしで出(だ)しましょうか」

「いや、それは金がかかる」

「じゃあ、牛(うし)に引(ひ)かせましょうか」

「それも、牛に金がかかる」

「それでは、人夫(にんぷ)にかつがせましょうか」

「人夫に金がかかるではないか」

「いったいどうすればいいのでしょうか」

「ええい、めんどくさい。自分(じぶん)で歩(ある)いて行(い)くわい」

- おっしゃる　말씀하시다 〈言う의 존경어〉
- いたす　하다 〈する의 정중어〉
- (お)葬式(そうしき)　장례식
- みこし　가마
- いや　아니 ＝いいえ
- 金(かね)がかかる　돈이 들다
- 牛(うし)　소
- 引(ひ)く　끌다, 당기다
- 人夫(にんぷ)　인부
- いったい　도대체
- めんどくさい　귀찮다, 성가시다
- ～わい　~군, ~구먼 〈영탄 · 감동을 나타냄〉

"알겠습니다. 말씀하시는 대로 하겠습니다. 장례식은 어떻게 할까요? 가마를 태워 보낼까요?"

"아니, 그건 돈이 들어."

"그럼 소한테 끌게 할까요?"

"그것도 소한테 돈이 들어."

"그러면 인부한테 메게 할까요?"

"인부한테 돈이 들잖아."

"대체 어떻게 하면 좋겠습니까?"

"에이, 귀찮구나. 내가 스스로 걸어가야겠구먼."

---

1 **~とおり(に) ~대로** [명사の, 동사 기본형 · 과거형+とおり | 명사+どおり]

생각 · 지시 · 명령 · 예정 · 계획 등과 관련된 명사나 동사에 붙어 '그대로, 그것과 똑같이'라는 뜻을 나타낸다.

思(おも)ったとおりに答(こた)えてください。 생각한 대로 대답하세요.

朝鮮人参(ちょうせんにんじん)

薬(くすり)の中(なか)でも、効果(こうか)がばつぐんで高価(こうか)なものといえば[1]、何(なん)といっても朝鮮人参(ちょうせんにんじん)が一番(いちばん)。

どんな病気(びょうき)にもよく効(き)くというが、ほんの小(ちい)さなものでも目(め)の玉(たま)が飛(と)び出(で)るほど高(たか)い。

- 朝鮮人参(ちょうせんにんじん) 인삼
- 薬(くすり) 약 〈薬を飲む 약을 먹다〉
- 効果(こうか) 효과
- ばつぐん(抜群)だ 뛰어나다, 출중하다
- 高価(こうか)だ 비싸다
- 何(なん)といっても 뭐니 뭐니 해도
- 一番(いちばん) 제일
- 効(き)く 듣다, 효과가 있다
- ほんの 보잘것없는, 그저 명색뿐인, 아주 사소한
- 小(ちい)さな 작은
- 目(め)の玉(たま) 눈, 눈알
- 飛(と)び出(で)る 튀어나오다, 뛰어나오다
- ～ほど ~ 정도, ~만큼

인삼

약 중에서도 효과가 뛰어나고 비싸기로는 뭐니 뭐니 해도 인삼이 제일이다.

어떤 병에도 잘 듣는다고 하는데, 아주 작은 것이라도 눈이 튀어나올 정도로 비싸다.

1 ~といえば ~라고 하면

[명사, な형용사 어간, い형용사·동사 보통형+といえば]

어떤 화제를 이어받아 거기서 연상되는 것에 대해서 말하거나 설명하기 위해 사용하는 표현이다.

スポーツといえば、やっぱりサッカーだね。 스포츠라고 하면 역시 축구지.

ある男が仕事(しごと)から帰(かえ)って来(き)て長屋(ながや)のみんなに言った。

「うわさには聞(き)いてたけど、朝鮮人参の効(き)き目(め)には驚(おどろ)いたよ」

「へえ、そんなにすごいのかい」

「ああ。仕事先(しごとさき)の家(いえ)に年寄(としよ)りの病人(びょうにん)がいて、医者(いしゃ)が来(き)たんだ。それで、医者が『この病気は、朝鮮人参を毎日(まいにち)飲(の)まなければ治(なお)りません』と言ったとたん、『とんでもない。そんなに金(かね)がかかるなら、寝(ね)てなんかいられない』って病人が飛(と)び起(お)きたんだよ」

- 長屋(ながや) 옛날에 하급무사가 살거나 상인들이 세를 주던 집으로 여러 채의 집이 한 동으로 이어져 붙어 있는 형태를 말함

- うわさ 소문
- 効(き)き目(め) 효능, 효과
- 驚(おどろ)く 놀라다
- へえ 헤
- すごい 굉장하다, 대단하다
- ～かい ~냐?, ~니? <친밀감을 갖고 물을 때 씀>
- ああ 응
- 仕事先(しごとさき) 근무처
- 年寄(としよ)り 노인, 늙은이
- 病人(びょうにん) 병자
- 医者(いしゃ) 의사
- 治(なお)る 낫다, 치유되다
- ～なら ~(으)면
- 寝(ね)る 눕다, 자다
- ～なんか ~같은 것
- 飛(と)び起(お)きる 벌떡 일어나다

어떤 남자가 일을 마치고 돌아와서 (연립)주택 사람들에게 말했다.
"소문으로는 들었지만 인삼의 효능에는 놀랐어."
"헤, 그렇게 대단해?"
"응. 일하는 집에 나이 든 병자가 있어서 의사가 왔어. 그래 갖고 의사가 '이 병은 인삼을 매일 먹어야 낫습니다.'라고 말하자마자 '안 돼. 그렇게 돈이 많이 든다면 누워 있을 수가 없어.' 하면서 병자가 벌떡 일어난 거야."

借金取り

おおみそかの日。借金取りたちが押しよせて来る日だが、貧乏人には返す金もない。そこで一計を案じ、妻にこう言った。

「おれは漬け物だるの中に隠れてるから、死んだことにして、うまくやってくれ」

あちらからもこちらからも借金取りたちがやって来ると、貧乏人の妻は涙を浮かべて許しを請うた。

빚쟁이

12월 그믐날. 빚쟁이들이 몰려오는 날인데, 가난뱅이에게는 갚을 돈이 없다. 그래서 계책을 짜내어 아내에게 이렇게 말했다.

"나는 채소절임 통 안에 숨어 있을 테니까 죽은 걸로 하고 잘해 줘."

여기저기서 빚쟁이들이 찾아오자 가난뱅이 아내는 눈물을 글썽이며 용서를 빌었다.

- 借金(しゃっきん) 빚
- 借金取(しゃっきんと)り 빚쟁이, 빚을 갚으라고 독촉하는 사람
- おおみそか 12월 그믐날
- 押(お)しよせる 몰려들다, 쇄도하다, 밀어닥치다
- 貧乏人(びんぼうにん) 가난뱅이
- 返(かえ)す 갚다, 돌려주다
- 一計(いっけい)を案(あん)じる 계책을 궁리하다
- 妻(つま) 아내, 처
- 漬け物(つけもの)だる 채소절임 통, 김치통 〈漬け物(つけもの) 채소절임 · 김치, たる 나무통〉

- 隠(かく)れる 숨다
- うまくやる 잘하다
- あちらからこちらから 여기저기서, 이쪽저쪽에서
- 涙(なみだ)を浮(う)かべる 눈물을 글썽이다
- 許(ゆる)しを請(こ)う 용서를 청하다(빌다) 〈請う의 た형은 請うた, て형은 請うて가 됨〉

「ゆうべ主人が亡くなりまして、ごらんのとおり、葬式も出せないでおります」

借金取りたちは妻をあわれんだ。

「それはお気の毒に。少しだが、香典を出そう」

妻は遠慮してそれを押し返した。

「とんでもないです。お金を返しもしないで、こんなものをいただくわけにはいきません」

その様子をたるのすき間から見ていた貧乏人は、思わず大声でさけんだ。

「何やってるんだ。受け取っておけ」

- ゆうべ　어젯밤
- 主人(しゅじん)　남편, 주인
- 亡(な)くなる　죽다, 돌아가시다
- ごらん(ご覧)　보심
- おる　있다 〈いる의 정중어〉
- あわれむ(哀れむ)　가엾게(딱하게 · 불쌍하게) 여기다, 동정하다
- 気(き)の毒(どく)だ　가엾다, 딱하다, 불쌍하다, 안되다
- 香典(こうでん)　부의 ; 상가(喪家)에 부조로 보내는 돈이나 물품

- 遠慮(えんりょ)する　사양하다
- 押(お)し返(かえ)す　되밀다, 되돌리다
- すき間(ま)　틈, 틈새
- 思(おも)わず　무심코, 그만, 엉겁결에, 무의식중에
- 大声(おおごえ)　큰 소리
- さけぶ(叫ぶ)　외치다
- 受(う)け取(と)る　받다, 수취하다

"어젯밤에 남편이 죽었는데, 보시다시피 장례식도 못 치르고 있습니다."

빚쟁이들은 아내를 가엾게 여겼다.

"그건 안됐소이다. 약소하지만 부조금을 내지요."

아내는 그것을 사양해 밀쳐냈다.

"아닙니다. 돈을 갚지도 않고서 이런 것을 받을 순 없습니다."

그 상황을 김치통 틈으로 보고 있던 가난뱅이는 무심코 큰 소리로 외쳤다.

"뭐 하고 있어? 받아 놔."

☑ CHECK UP

지금까지 익힌 표현들을 모았습니다.
내용을 상기하면서 풀어 보고, 일반 회화에도 응용해 보기 바랍니다.

다음 문장의 밑줄 친 부분을 (　　) 안의 문형을 넣어 바꾸어 보세요.

❶ 誰(だれ)に会(あ)った？（～たい）

→ ....

❷ 君(きみ)がいたら、試合(しあい)に勝(か)った。（～かもしれない）　[試合 시합]

→ ....

❸ 音楽(おんがく)を聞く。（～ながら）　勉強をする。

→ ....

❹ 古典文学(こてんぶんがく)を読みましたか。（～たことがある）　[古典文学 고전문학]

→ ....

❺ ミスをしたのが残念(ざんねん)です。（～てしかたがない）
[残念だ 유감이다]

→ ....

❻ つまらないと思った。最後(さいご)まで見た。（～つつ）
[つまらない 시시하다 , 재미없다　最後 마지막]

→ ....

❼ 吉田(よしだ)さんがＤＶＤを貸(か)してくれました。（～てもらう）
[貸す 빌려주다]

→ ....

8 せんぱいが作業(さぎょう)を手伝(てつだ)いました。（～てくださる）
[せんぱい 선배　作業 작업]

→

9 予定(よてい)。（～とおり）　プロジェクトはぶじに進(すす)んでいます。
[ぶじに 무사히　進む 나아가다 , 진행되다]

→

10 そういうつもりはありませんでした。（決(けっ)して～ない）

→

11 あの人は警察(けいさつ)ではありません。（～ようだ）　[警察 경찰]

→

12 びんぼうになりました。（～とたんに）みんなが離(はな)れていきました。[びんぼうだ 가난하다　離れる 떠나다]

→

13 子どもが自分(じぶん)で服(ふく)を着(き)ました。（母親、～させる）
[自分で 스스로　母親 모친]

→

14 私はどうしても行きます。（～わけにはいかない）

→

三(みっ)つのあて

ある男のところに、借金取(しゃっきんと)りがやって来(き)た。

「今日(きょう)こそは、何(なに)が何(なん)でも[1] 返してもらうからな」

「すみませんが、もうしばらくお待(ま)ちください[2]。あてが三(みっ)つ見(み)つかったんです」

「どんなあてだい」

「一(ひと)つ目(め)は、どこかで大金(たいきん)を拾(ひろ)うかもしれません」

- あて 기대, 가망, 전망
- ~こと ~야말로
- もうしばらく 조금만 더, 잠깐만 더
- ~目(め) ~째
- 大金(たいきん) 거금, 큰돈
- 拾(ひろ)う 줍다

세 가지 기대

어떤 남자 집에 빚쟁이가 찾아왔다.

"오늘만큼은 무슨 일이 있어도 꼭 돈을 받아 가야겠다."

"죄송합니다만, 조금만 더 기다려 주십시오. 세 가지 기대가 생겼습니다."

"어떤 기대인데?"

"첫 번째는 어디선가 거금을 주울지도 모르겠습니다."

1 何(なに)が何(なん)でも　무슨 일이 있어도, 기어코

말하는 사람의 의지나 의뢰를 나타내는 말이 뒤따르는 경우, 어떤 사정이 있어도 꼭 해내겠다 또는 해내기 바란다는 뜻을 나타낸다.

何(なに)が何(なん)でもこの試合(しあい)には勝(か)つ。
무슨 일이 있어도 이 경기에는 이긴다.

2 お(ご)~くださる　~어 주시다 [お(ご)+명사, 동사 연용형+くださる]

~てくれる의 존경표현인데, ~てくださる보다 더 높임의 뜻이 강하다.

この度(たび)は貴重(きちょう)なご意見(いけん)をお送(おく)りくださり、ありがとうございます。 이번에는 귀중한 의견을 보내 주셔서 감사합니다.

「そんな都合(つごう)のいいことがそうそうあるか」

「二つ目(ふためめ)は、誰(だれ)かが気前(きまえ)よく大金をくれるかもしれません」

「そんなやつがどこにいる。三つ目(みっつめ)は何(なん)だ」

「そのうちあんたがポックリ死(し)ぬかもしれません」

□ **都合(つごう)がいい** 편리하다, 사정·형편이 좋다

□ **そうそう** 그렇게 자주, 그토록 오래, 그렇게 언제까지나 〈뒤에 부정 표현이 옴〉

□ **気前(きまえ)がいい** 돈이나 물건을 선선히 내놓다

□ **ポックリ** 갑자기, 덜컥

"그런 행운이 그렇게 흔히 있겠냐?"

"두 번째는 누군가가 선뜻 거금을 줄지도 모르겠습니다."

"그런 놈이 어디 있어? 세 번째는 뭐야?"

"머지않아 당신이 갑자기 죽을지도 모르겠습니다."

留守

おおみそかの夜、米屋が浪人のところへやって来た。

「こんばんは。米屋でございます。お勘定をいただきにまいりました」

「米屋か。主人は留守だ」

おかしいな、たしかに主人の声だが……。米屋は、指先につばをつけ、障子に穴をあけて、中をのぞきこんだ。すると、思ったとおり、浪人がしっかり座っている。

부재중

12월 그믐날 밤에 쌀가게 사람이 무사 집으로 찾아왔다.

"안녕하십니까? 쌀집입니다. 쌀값을 받으러 왔습니다."

"쌀집이냐? 주인은 없다."

'이상하다, 분명히 주인 목소린데…….' 쌀가게 사람은 손가락 끝에 침을 묻혀 창호지에 구멍을 내서 안을 들여다보았다. 그랬더니 생각했던 대로 무사가 듬직이 앉아 있다.

- 米屋(こめや) 쌀가게, 쌀가게 사람
- 浪人(ろうにん) 섬길 주인이나 봉록이 없는 무사
- ～でございます ~이옵니다 〈～です의 정중어〉
- お勘定(かんじょう) 계산, 대금
- おかしい 이상하다
- 指先(ゆびさき) 손가락 끝, 손끝
- つば 침
- つける 묻히다, 바르다
- 障子(しょうじ) 창호지, 장지
- 穴(あな) 구멍
- あける 뚫다
- のぞきこむ 들여다보다
- すると 그랬더니, 그러자
- しっかり 틀림없이, 견고히
- 座(すわ)る 앉다

「ちゃんといらっしゃるじゃないですか。ここから見(み)えますよ」

「こらっ、なんで障子に穴をあける。もとどおりにふさげ」

「どうも失礼(しつれい)いたしました」

米屋は持(も)っていた紙(かみ)で障子の穴をふさいだ。

「もとどおりに穴をふさぎました」

「じゃあ、もう見えないな」

「はい、見えません」

「よし。それなら、やっぱり主人は留守だ」

- ちゃんと 분명히, 틀림없이
- いらっしゃる 계시다 〈いる의 존경어〉
- なんで 왜
- もとどおり(に) 원래대로
- ふさぐ 막다
- どうも 대단히, 정말, 아무래도, 어쩐지
- 失礼(しつれい)する 실례하다
- 持(も)つ 가지다, 들다
- 紙(かみ) 종이
- もう 이제
- よし 좋아
- やっぱり 역시 =やはり

"분명히 계시지 않습니까? 여기서 보입니다요."
"이런, 왜 창호지에 구멍을 내? 원래대로 막아 놔."
"정말 죄송합니다."
쌀가게 사람은 갖고 있던 종이로 창호지 구멍을 막았다.
"원래대로 구멍을 막았습니다."
"그럼 이제 안 보이지?"
"네, 안 보입니다."
"좋아. 그러면 역시 주인은 없다."

困(こま)ったくせ

人(ひと)の持(も)ち物(もの)を何(なん)でも値(ね)ぶみするくせのある男(おとこ)がいた。

その男のところに友(とも)だちが遊(あそ)びに来(き)た。友だちがキセルを取(と)り出(だ)してタバコを吸(す)うと、いつものくせで値ぶみを始(はじ)めた。

「いやあ、みごとなキセルだなあ。一両(いちりょう)はしただろう」

- 困(こま)る　곤란하다, 난처하다
- くせ(癖)　버릇
- 持(も)ち物(もの)　소유물
- 値(ね)ぶみ　값을 매김, 평가함
- キセル　담뱃대

- タバコを吸(す)う　담배를 피우다
- いつもの　늘 하던 대로의, 여느 때와 같은
- 始(はじ)める　시작하다
- みごとだ　훌륭하다, 멋지다
- ～両(りょう)　~냥 〈일본의 옛날 화폐 단위〉

곤란한 버릇

남의 물건을 뭐든지 값 매기는 버릇이 있는 남자가 있었다.

그 남자 집에 친구가 놀러 왔다. 친구가 담뱃대를 꺼내 담배를 피우자 평소 버릇으로 값을 평가하기 시작했다.

"야, 좋은 담뱃대네. 한 냥은 했겠지?"

「すぐにそうやって値ぶみをするのが、お前(まえ)の悪(わる)いくせだ。友人(ゆうじん)として忠告(ちゅうこく)するが、そのくせは直(なお)したほうがいい[1]」

「いいことを言ってくれる。やっぱり持(も)つべき[2]ものは友(とも)だちだね。その親切(しんせつ)、三両(さんりょう)の値打(ねう)ちがある」

- すぐに　금방
- 悪(わる)い　나쁘다, 안 좋다
- 友人(ゆうじん)　친구, 우인
- ～として　~(으)로서
- 忠告(ちゅうこく)する　충고하다
- 直(なお)す　고치다
- 親切(しんせつ)　친절
- 値打(ねう)ち　값, 가치

"금방 그렇게 값을 매기는 것이 너의 나쁜 버릇이야. 친구로서 충고하는데, 그 버릇은 고치는 게 좋아."

"좋은 말을 해 주네. 역시 필요한 건 친구야. 그 친절은 석 냥의 가치가 있다."

1 ~ほうがいい ~ 쪽이 좋다 [동사 보통형+ほうがいい]

듣는 사람에게 제안이나 권유를 할 때 쓰는 표현이다.

ご両親(りょうしん)に相談(そうだん)したほうがいい。
부모님과 상담을 하는 것이 좋다.

2 ~べき ~어야 할, ~는 것이 당연한 [동사 기본형+べき]

옛말 ~べし(~어야 하다)의 활용형으로, ~べきだ는 '~어야 하다'란 뜻이고, 뒤에 명사가 이어지는 ~べき는 '~어야 할'이란 뜻이 된다.

この本(ほん)は絶対(ぜったい)に読(よ)むべきですよ。 이 책은 꼭 읽어야 돼요.

おれがいない

一人(ひとり)の役人(やくにん)が、罪(つみ)をおかした坊主(ぼうず)を護送(ごそう)する途中(とちゅう)で宿屋(やどや)に泊(と)まった。

宿屋に着(つ)くと、坊主が言った。

「もうすぐ江戸(えど)でございます。いろいろお手数(てすう)をおかけしました[1]。せめてものお礼にさかずきをお受(う)けください」

- 役人(やくにん) 관리, 공무원
- 罪(つみ) 죄
- おかす(犯す) 범하다
- 坊主(ぼうず) 중
- 護送(ごそう)する 호송하다
- 宿屋(やどや) 여관, 여인숙, 숙소
- 泊(と)まる 묵다 〈泊(と)める 묵게 하다〉
- 着(つ)く 도착하다
- もうすぐ 이제 곧
- 江戸(えど) 에도 〈일본 지명, 현재의 東京(とうきょう)〉
- いろいろ 여러 가지
- 手数(てすう)をかける 폐를 끼치다
- せめてもの 최소한의
- お礼(れい) 사례
- さかずき(盃) 술잔
- 受(う)ける 받다

한 관리가 죄를 지은 중을 호송하는 도중에 여관에 묵었다.

여관에 도착하자 중이 말했다.

"이제 곧 에도입니다. 여러 가지로 폐를 끼쳐 드렸습니다. 최소한 감사하는 마음으로 술잔을 올리겠습니다."

1 お(ご)~する ~어 드리다 [お(ご)+명사, 동사 연용형+する]

다른 사람을 위해 어떤 행위를 한다는 뜻의 겸양표현이다.

詳(くわ)しいことは、あらためてお知(し)らせします。

자세한 것은 다시 알려 드리겠습니다.

こうしてしきりに酒をすすめ、役人を酔いつぶしてしまった。そして、かみそりで役人の髪をそって丸坊主にし、首になわをかけると、そのまま[2]、まんまと逃げ出してしまった。

夜中に目を覚ました役人は、あわてて坊主を探したが、見つからない。自分の頭をなでてみると、髪の毛がない。首にはなわがかかっている。

「おお、いた、いた。何だ、坊主はここにいたのか。しかし、じゃあ、おれはどこに行ったんだ」

- しきりに　자꾸
- 酒(さけ)　술
- すすめる(勧める)　권하다
- 酔(よ)いつぶす　술에 취해 정신을 못 차리게 하다
- かみそり　면도칼
- 髪(かみ)　머리카락 ＝髪の毛(かみのけ)
- そる　깎다, 밀다, 삭발하다
- 丸坊主(まるぼうず)　까까머리
- 首(くび)　목
- なわ(縄)をかける　밧줄을 걸다, 밧줄을 묶다
- まんまと　감쪽같이
- 夜中(よなか)　밤중
- あわてる　당황하다, 허둥대다
- 探(さが)す　찾다
- なでる　쓰다듬다, 어루만지다
- なわ(縄)がかかる　밧줄이 묶이다

이렇게 자꾸 술을 권해 관리를 곤드레만드레 취하게 만들어 버렸다. 그리고 면도칼로 관리의 머리카락을 밀어서 까까머리로 만들고 목에다 밧줄을 묶고 그대로 감쪽같이 달아나 버렸다.

밤중에 눈을 뜬 관리는 당황하여 중을 찾았지만 보이지 않는다. 자기 머리를 쓰다듬어 보니 머리카락이 없다. 목에는 밧줄이 묶여 있다.

"어, 있다, 있다. 뭐야, 중은 여기 있었구나. 근데 그럼 나는 어디 갔지?"

---

2 ～まま ～대로 [명사の, な연용형な, い형용사 기본형, 동사 기본형 · 과거형+まま]
같은 상태가 계속되거나 되는 대로 내버려 둔다는 뜻을 나타낸다. 회화체에서는 まんま라고도 한다.

見(み)たままを絵(え)に描(か)いてください。 본 대로 그림을 그리세요.

貧乏神の社

働いても働いてもさっぱりお金のたまらない店があった。

　ある年の暮れ。一年間にたまったほこりをはらう大そうじをしていた。すると、部屋の片すみから貧乏神がコロリと転がり出てきた。

　それを見つけた店主が貧乏神をひっつかまえてたたき出そうとした。

「どうもお金がたまらないと思っていたら、お前のせいだったんだな。うちの店からとっとと出て行け」

아무리 일을 해도 전혀 돈이 모이지 않는 가게가 있었다.

어느 해 연말. 1년 동안에 쌓인 먼지를 터는 대청소를 하고 있었다. 그랬더니 방 한쪽 구석에서 가난신이 데구루루 굴러 나왔다.

그것을 발견한 가게 주인이 가난신을 붙잡아 내쫓으려고 했다.

"어쩐지 돈이 안 모인다 했더니 너 때문이었구나. 우리 가게에서 얼른 나가."

- 貧乏神(びんぼうがみ) 가난을 가져다 주는 신
- 社(やしろ) 신사, 신을 모시는 건물
- 働(はたら)く 일하다
- さっぱり 전혀, 도무지, 조금도, 통
- たまる 모이다, 쌓이다
- 年(とし)の暮(く)れ 연말, 세밑
- ほこり 먼지
- はらう 털어내다, 제거하다, 없애다
- 大(おお)そうじ 대청소
- 部屋(へや) 방
- 片(かた)すみ 한쪽 구석
- コロリと 데구루루
- 転(ころ)がり出(で)る 굴러 나오다
- 見(み)つける 발견하다
- 店主(てんしゅ) 가게 주인
- ひっつかまえる 힘 있게 붙잡다 〈つかまえる의 힘줌말〉
- たたき出(だ)す 내쫓다, 내몰다
- せい 탓, 때문
- とっとと 얼른, 어서, 빨리, 냉큼

貧乏神はたたみに額(ひたい)をこすりつけて頼(たの)みこんだ。

「どうか、もうしばらくここにいさせてください。明日(あした)からお正月(しょうがつ)で、どこにも行(い)くあてがありません。そのうちに、きっとお店(みせ)をはやらせますので」

「店をはやらせるだと。何(なに)か考(かんが)えでもあるのか」

「はい。庭先(にわさき)に私(わたし)をまつる社(やしろ)を作(つく)ってください。そうすれば、参拝者(さんぱいしゃ)がみんなおさい銭(せん)をあげて行くでしょう」

「そんなにうまくいくものか[1]。でも、まあ、だまされたと思(おも)ってやってみよう」

店主は、庭先に小さな社を作った。しかし、一月(ひとつき)たっても、誰一人(だれひとり)お参(まい)りに来(こ)ない。

- たたみ(畳) 다다미
- 額(ひたい) 이마
- こすりつける 비벼대다, 문지르다
- 頼(たの)みこむ 신신당부하다, 간청하다
- 明日(あした) 내일
- (お)正月(しょうがつ) 정월
- きっと 꼭, 반드시
- はやる 번창하다, 번성하다
- 庭先(にわさき) 뜰, 마당
- まつる 모시다
- 参拝者(さんぱいしゃ) 참배객
- (お)さい銭(せん) 새전;신불에게 바치는 돈
- あげる 바치다
- だます 속이다
- お参(まい)り 참배

가난신은 방바닥에 이마를 비벼대며 간청했다.

“부디 조금만 더 여기에 있게 해 주세요. 내일부터 정월이라 어디에도 갈 만한 데가 없습니다. 머지않아 꼭 가게를 번창하게 만들어 드릴 테니.”

“가게를 번창하게 만든다고? 무슨 생각이라도 있는 거야?”

“네. 마당에 저를 모시는 신사를 지어 주세요. 그러면 참배객들이 다 돈을 바치고 갈 거예요.”

“그렇게 잘 될 리가 있나? 하지만 뭐 속은 셈치고 해 보지.”

가게 주인은 마당에 작은 신사를 지었다. 그러나 한 달이 지나도 아무도 참배하러 오지 않는다.

---

1 ～ものか ～기는 뭐가 ～ [な형용사な, い형용사·동사 기본형+ものか]

끝을 내리는 억양으로 말하며, 강한 부정을 나타낸다. 회화체에서는 ～もんか라고도 한다.

こんな所(ところ)に二度(にど)と来(く)るもんか。 이런 데 두 번 다시 오나 봐라.

「ほら見(み)ろ。やっぱり誰も来(き)やしない[2]じゃないか」

ところが、そのうち、ポツリポツリとお参りに来る人が現(あらわ)れたかと思(おも)うと[3]、日(ひ)に日(ひ)に参拝者が増(ふ)え、おさい銭(せん)もどっさり入(はい)ってくるようになった[4]。店も大繁盛(だいはんじょう)し、半年(はんとし)もしないうちに[5]町(まち)で一番(いちばん)の大(おお)金持(がねも)ちになった。

- ほら　봐, 자, 이봐
- ポツリポツリと　띄엄띄엄, 드문드문
- 現(あらわ)れる　나타나다, 출현하다
- 日(ひ)に日(ひ)に　날로, 날이 갈수록
- 増(ふ)える　늘어나다
- どっさり　듬뿍, 잔뜩
- 大繁盛(だいはんじょう)　크게 번성함
- 半年(はんとし)　반년
- 大金持(おおがねも)ち　큰 부자

"거 봐라. 역시 아무도 안 오잖아."

그런데 얼마 안 있어 드문드문 참배하러 오는 사람이 나타나기 시작하더니 날로 참배객이 늘어 돈도 잔뜩 들어오게 되었다. 가게도 크게 번성하여 반년도 지나지 않는 사이에 마을에서 최고의 큰 부자가 되었다.

---

2 ～やしない ～지는 않다 [동사 연용형+やしない]

～はしない가 변한 표현으로, 강조를 나타낸다.

大丈夫(だいじょうぶ)だよ。ばれやしないよ。 괜찮아. 들키지 않아.

3 ～かと思うと ～더니, ~ 싶더니

[명사, な형용사 어간, い형용사 · 동사 보통형+かと思うと]

대조적인 일이 연속적으로 일어남을 나타낸다. 뒤에는 말하는 사람의 놀라움이나 뜻밖이라는 뜻을 나타내는 표현이 오는 경우가 많다.

ついさっき泣(な)いていたかと思(おも)うと、もう笑(わら)っている。
조금 전에 울더니 이제 웃고 있다.

4 ～ようになる ～게 되다 [동사 기본형 · 부정형+ようになる]

어떤 상태에서 다른 상태로 변화한다는 뜻을 나타낸다.

近(ちか)ごろ、子(こ)どもが言(い)うことをきかないようになりました。
요즘 아이가 말을 안 듣게 됐습니다.

5 ～ないうちに ～기 전에 [동사 부정형+うちに]

'어떤 일이 일어나지 않는 사이에'라는 뜻을 나타낸다.

雨(あめ)が降(ふ)らないうちに早(はや)く帰(かえ)ろう。
비가 오기 전에 빨리 집에 가자.

しかし、急(きゅう)に参拝者の増えた理由(りゆう)がわからず、貧乏神にたずねた。貧乏神、答(こた)えて曰(いわ)く。

「簡単(かんたん)なことですよ。このチラシを町中(まちじゅう)に配(くば)って回(まわ)ったんです」

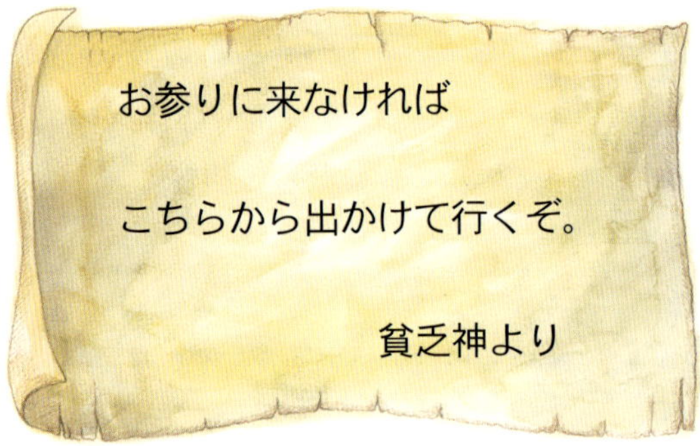

- 理由(りゆう) 이유, 까닭
- 曰(いわ)く 말하기를, 왈
- 簡単(かんたん)だ 간단하다, 쉽다
- チラシ 전단지
- 町中(まちじゅう) 온 동네, 마을 전체
- 配(くば)る 배포하다, 나누다
- 回(まわ)る 돌다, 돌아다니다
- ～より ~로부터

그러나 갑자기 참배객이 늘어난 이유를 몰라 가난신에게 물었다. 가난신이 대답하여 말하기를,

"간단한 일이에요. 이 전단지를 온 동네에 뿌렸어요."

참배하러 오지 않으면
이쪽에서 찾아간다.
가난신으로부터

まんじゅうこわい

ある夏の夜、長屋の連中が何人か集まってこわい話をしていると、やせこけた男が息を切らせてかけ込んで来て、青い顔でぶるぶる震えながら言った。

「た、助けてくれ」

「どうした」

「まんじゅう売りがずっとついて来るんだ」

「まんじゅう売りだって……？」

「まんじゅうがこわくてこわくて。とにかくどこかにかくまってくれ」

찐빵이 무서워

어느 여름 밤, (연립)주택 사람들이 몇 명이 모여서 무서운 이야기를 하고 있을 때 바짝 마른 남자가 숨을 헐떡거리며 뛰어들어와 창백한 얼굴로 부들부들 떨면서 말했다.

"사, 살려 줘."

"무슨 일이야?"

"찐빵 장사가 계속 따라와."

"찐빵 장사라고……?"

"찐빵이 무서워 죽겠어. 아무튼 어디다 숨겨 줘."

- こわい 무섭다, 두렵다
- 連中(れんちゅう) 패거리, 일당
- やせこける 몹시 마르다, 앙상해지다
- 息(いき)を切(き)らせる 숨이 차다, 숨을 헐떡이다
- かけ込(こ)む 뛰어들다
- 青(あお)い 파랗다
- ぶるぶる 부들부들, 벌벌, 덜덜
- 震(ふる)える 떨리다
- 助(たす)ける 돕다, 구하다, 살리다
- まんじゅう売(う)り 찐빵 장사
- ずっと 계속
- ついて来(く)る 따라오다
- とにかく 어쨌든, 아무튼
- かくまう 숨겨 주다, 은닉하다

「じゃあ、そこの物置(ものおき)にでも隠(かく)れてな」

長屋の連中は男を物置に入(い)れてやった[1]。しかし、そのうちいたずら心(ごころ)がわいてきた。[2]

「あいつをちょっとからかってみないか[3]」

「あの男のこわがるまんじゅうを物置に入れてみよう」

「それはおもしろそうだ」

みんなでお金(かね)を出(だ)し合(あ)い、まんじゅうを山(やま)ほど買(か)って来(き)て、お盆(ぼん)に盛(も)りつけた。それを物置の中(なか)に入(い)れると、ピシャリと戸(と)を閉(し)めた。

- 物置(ものおき) 곳간
- 隠(かく)れる 숨다
- いたずら心(ごころ) 장난끼
- わく 발동하다, 솟다, 분출하다
- あいつ 그·저 녀석, 걔, 쟤
- からかう 놀리다
- こわがる 무서워하다, 두려워하다
- おもしろい 재미있다
- 出(だ)し合(あ)う 서로 내다, 같이 내다
- 山(やま)ほど 산더미같이
- お盆(ぼん) 쟁반
- 盛(も)りつける (요리를 그릇에 보기 좋게) 담다, 수북이 담다
- ピシャリと 탁, 탕
- 戸(と)を閉(し)める 문을 닫다

"그러면 거기 곳간에라도 숨어 있어."

(연립)주택 사람들은 남자를 곳간에 들여 주었다. 그런데 조금 이따가 장난끼가 발동했다.

"저 녀석을 좀 놀려 보지 않을래?"

"저 남자가 무서워하는 찐빵을 곳간에 넣어 보자."

"그거 재미있겠다."

모두 돈을 내서 찐빵을 산더미같이 사 와서 쟁반에 수북이 담았다. 그것을 곳간 안에 넣고 문을 꽉 닫았다.

1 ～てやる ~어 주다 [동사 て형+やる]

말하는 이 또는 말하는 이 쪽 사람이 아랫사람이나 동식물을 위해 어떤 행위를 해 준다는 뜻을 나타낸다.

テストの点数(てんすう)がよかったら、ゲームソフト買(か)ってやるよ。
시험 점수가 좋으면 게임소프트 사 줄게.

2 ～てくる ~어 오다 [동사 て형+くる]

어떤 일이 과거에서 현재까지 계속되거나 어떤 변화를 자신과 관련이 있는 것처럼 나타내는 표현이다.

だんだんくもってきたね。 점점 흐려지네.

3 ～ない(か) ~지 않을래 [동사 부정형+(か)]

의도적 행위를 나타내는 동사에 붙어 듣는 사람에게 행동을 권하거나 같이 하도록 권유하는 표현이다.

映画(えいが)でも見(み)に行(い)かない? 영화라도 보러 가지 않을래?

きっと大(おお)さわぎになるだろうと思(おも)っていたのに、案(あん)に反(はん)して、しばらくしても、しーんと静(しず)まり返(かえ)っている。みんなだんだん心配(しんぱい)になってきた。

「ひょっとすると[4] 気絶(きぜつ)してるんじゃないか」

「それどころか[5]、ショック死(し)してたらどうする」

「開(あ)けてみようぜ」

そろりと戸を開けてみると、まんじゅうをすっかりたいらげた男が口(くち)のまわりをなめていた。

「お前(まえ)、まんじゅう全部(ぜんぶ)、食(く)ったのか」

男はにやりと笑(わら)って言った。

「ああ、今度(こんど)はお茶(ちゃ)がこわいなあ」

- □ 大(おお)さわぎ 대소동
- □ 案(あん)に反(はん)して 예상과 달리
- □ しーんと 쥐 죽은 듯이
- □ 静(しず)まり返(かえ)る 아주 조용하다
- □ だんだん 점점
- □ 心配(しんぱい) 걱정, 시름
- □ 気絶(きぜつ)する 기절하다
- □ ショック死(し) 쇼크사
- □ 開(あ)ける 열다
- □ そろりと 천천히, 살살
- □ すっかり 몽땅, 죄다, 남김없이
- □ たいらげる 다 먹어 치우다
- □ 口 입
- □ まわり 주위
- □ なめる 핥다
- □ 全部(ぜんぶ) 전부, 다
- □ 食(く)う 먹다 〈食べる보다 거친말〉
- □ にやりと 히죽, 싱긋
- □ お茶(ちゃ) 차, 녹차

분명 대소동이 일어날 거라고 생각했었는데, 예상과 달리 시간이 지나도 아~무 소리도 나지 않는다. 모두 점점 걱정되기 시작했다.

"혹시 기절한 거 아냐?"

"그게 아니라 쇼크사했으면 어떡해?"

"열어 보자."

천천히 문을 열어 보니 남자는 찐빵을 죄다 먹어 치우고 입가를 핥고 있다.

"자네, 찐빵을 다 먹은 거야?"

남자는 히죽 웃으면서 말했다.

"아, 이번에는 녹차가 무섭다."

4 ひょっとすると 혹시, 어쩌면

가능성은 낮지만 그럴 수도 있다는 뜻을 나타낸다. 비슷한 말로 ひょっとしたら, ひょっとして, もしかすると, もしかしたら, もしかして 등이 있다.

ひょっとすると、成功(せいこう)するかもしれませんよ。
어쩌면 성공할지 모르겠어요.

5 ~どころか ~은커녕

[명사, な형용사 어간 · な, い형용사 · 동사 보통형+どころか]

예로 든 사항을 부정함으로써 뒤에 오는 말을 더욱 강조하는 역할을 한다.

いそがしいどころか、何(なに)もすることがない。
바쁘기는커녕 아무것도 할 일이 없다.

うそのたね本(ほん)

昔(むかし)ある村(むら)に、誰(だれ)もかなわないという[1]うそつきの名人(めいじん)がいた。

ある時(とき)、村(むら)の長者(ちょうじゃ)が、うそつき名人を呼(よ)んで言った。

「お前(まえ)はうそつきの名人だそうだ[2]が、わしをだましてみないか。うまくだませたら、何(なん)でもほしいものを買(か)ってやろう」

- うそ 거짓말
- たね 거리, 재료
- 本(ほん) 책
- 村(むら) 마을
- かなう 당할 수 있다, 필적하다
- うそつき(嘘つき) 거짓말을 함, 거짓말쟁이
- 長者(ちょうじゃ) 장자, 우두머리, 부호
- ほしいもの 갖고 싶은 것

옛날 어느 마을에 아무도 못 당하는 거짓말 명인이 있었다.

어느 날 마을 어른이 거짓말 명인을 불러 말했다.

"자네는 거짓말 명인이라는데, 나를 속여 보지 않겠는가? 잘 속일 수 있으면 뭐든지 갖고 싶은 것을 사 주마."

---

1 **~という~ ~라고 하는 ~** [명사, 문장+という+명사]

뒤에 오는 명사의 이름이나 내용을 말하는 표현이다.

山田(やまだ)さんが会社(かいしゃ)を辞(や)めたといううわさを聞(き)きました。
야마다 씨가 회사를 그만두었다는 소문을 들었습니다.

2 **~そうだ ~라고 하다** [명사だ, な형용사 · い형용사 · 동사 보통형+そうだ]

말하는 사람이 직접 얻은 정보가 아니라 어디서 들은 정보임을 나타낸다.

来年(らいねん)は景気(けいき)がよくなるそうです。
내년에는 경기가 좋아진다고 합니다.

「残念(ざんねん)ながら[3]、今(いま)すぐにはうそをつけません。うそのたねを書(か)いた本(ほん)を持(も)って来(き)ておりませんので」

「何(なん)だ。本を見(み)ないと、うそがつけないのか。なさけないやつだな。で、その本はどこにある」

「うちの仏壇(ぶつだん)の一番下(いちばんした)の引(ひ)き出(だ)しです」

「じゃあ、うちの若(わか)い者(もの)に取(と)りに行(い)かせよう」

ということで、長者の家(いえ)の若い者が、うそつき名人の家に本を取りに行った。ところが、いくら探(さが)しても[4]、そんな本は見当(みあ)たらない。若い者は、しかたなく何も持たずに帰(かえ)って来て報告(ほうこく)した。

- □ 残念(ざんねん)だ　유감스럽다
- □ 今すぐ　지금 당장
- □ うそをつく　거짓말을 하다
- □ 書(か)く　쓰다, 적다
- □ ~ので　~기 때문에
- □ なさけない　한심하다, 한심스럽다
- □ 仏壇(ぶつだん)　불단
- □ 引(ひ)き出(だ)し　서랍
- □ 若い者(わかいもの)　젊은이, 젊은 사람
- □ 取(と)る　가지다, 집다
- □ 見当(みあ)たる　눈에 띄다, 발견되다, 보이다
- □ 報告(ほうこく)する　보고하다

"유감스럽지만 지금 당장은 거짓말을 할 수 없습니다. 거짓말할 거리를 적은 책을 안 갖고 왔기 때문에."

"뭐야. 책을 안 보면 거짓말을 못 해? 한심한 녀석이군. 그래서 그 책은 어디 있는가?"

"저희 집 불단 제일 밑의 서랍입니다."

"그럼 우리 집 젊은 애를 시켜서 가지러 가게 하지."

그렇게 해서 마을 어른 집의 젊은이가 거짓말 명인의 집으로 책을 가지러 갔다. 그런데 아무리 찾아도 그런 책은 보이지 않는다.
젊은이는 할 수 없이 빈손으로 돌아와 보고했다.

3 〜ながら ~지만 [명사, な형용사 어간, い형용사 기본형, 동사 연용형+ながら]

'~지만' 또는 '~는데'라는 뜻을 나타낸다. 〜ながらも라고 하기도 한다.

小(ちい)さいながら将来性(しょうらいせい)のある会社(かいしゃ)に就職(しゅうしょく)が決(き)まりました。 작지만 장래성이 있는 회사에 취업이 확정되었습니다.

4 いくら〜ても 아무리 ~어도

[いくら+명사, な형용사 어간+でも | いくら+い형용사 · 동사 て형+も]

'많이, 몇 번이나, 열심히 ~어도'처럼 정도를 강조하는 표현이다.

これではいくら安(やす)くても誰(だれ)も買(か)わないだろう。
이러면 아무리 싸도 아무도 안 살 것이다.

「あちこち探してみましたが、見つかりませんでした」

うそつき名人はすました顔で言った。

「当然です。そんな本などハナからありませんから。全部、うそです」

- あちこち 여기저기
- すます 태연하다
- 当然(とうぜん)だ 당연하다
- ~など ~따위, ~같은 것
- ハナから 처음부터, 애초부터
- 全部(ぜんぶ) 전부, 모두, 다

"여기저기 찾아 봤습니다만 못 찾았습니다."
거짓말 명인은 태연한 얼굴로 말했다.
"당연하지요. 그런 책 같은 건 원래 없으니까요. 다 거짓말입니다."

なぞなぞ

あるところに、どんななぞなぞでも簡単に解いてしまう「なぞとき名人」がいた。みんなで知恵をしぼって難しい問題を作って困らせようとするが、なかなかうまくいかない。

ある日、そのなぞとき名人に挑戦しようという人が現れた。

「ちょっと難しい問題を出しましょうか」

「どうせたいしたことはないだろうが、聞くだけ聞いてやろう」

수수께끼

어느 곳에 어떤 수수께끼라도 간단히 풀어 버리는 '수수께끼 명인'이 있었다. 모두 지혜를 짜서 어려운 문제를 만들어서 곤혹을 치르게 하려고 하는데, 잘 되지를 않는다.

어느 날 그 수수께끼 명인에게 도전하려는 사람이 나타났다.

"조금 어려운 문제를 낼까요?"

"어차피 별 것 아니겠지만 듣기는 들어 줄게."

- なぞなぞ　수수께끼
- 解(と)く　풀다
- 知恵(ちえ)をしぼる　지혜를 짜다
- 難(むずか)しい　어렵다
- 問題(もんだい)　문제
- なかなか　좀처럼
- 挑戦(ちょうせん)する　도전하다
- どうせ　어차피
- たいした　대단한, 별로 (~지 않다)

「では、まいります。頭(あたま)が三(みっ)つ、目(め)が四(よっ)つ、手(て)が八本(はっぽん)、足(あし)が二十本(にじゅっぽん)、しっぽが九本(きゅうほん)、へそが百個(ひゃっこ)、羽(はね)はあるけど飛(と)ぶことはできず、歩(ある)くのが速(はや)いのは、なーに」

さすがのなぞとき名人も、冷(ひ)や汗(あせ)たらたら、しんけんにあれこれ考(かんが)えてみるが、どうしても答(こた)えがわからない。とうとう降参(こうさん)して教(おし)えを請(こ)うた。

「ううむ、まいった。答えは何(なん)だ」

「はい、化(ば)け物(もの)でございます」

- ☐ 目(め) 눈
- ☐ 手(て) 손
- ☐ ～本(ほん) ～개 〈가늘고 긴 것을 셀 때 씀〉
- ☐ 足(あし) 다리, 발
- ☐ しっぽ 꼬리
- ☐ へそ 배꼽
- ☐ ～個(こ) ～개
- ☐ 羽(はね) 날개
- ☐ 飛(と)ぶ 날다
- ☐ さすがの 그토록 대단한
- ☐ 冷(ひ)や汗(あせ) 식은땀
- ☐ たらたら 줄줄, 주르르, 뚝뚝
- ☐ しんけんだ(真剣だ) 진지하다
- ☐ あれこれ 이것저것
- ☐ 考(かんが)える 생각하다
- ☐ 答(こた)え 답, 대답
- ☐ とうとう 드디어
- ☐ 降参(こうさん)する 항복하다, 굴복하다
- ☐ 教(おし)え 가르침
- ☐ まいった 졌다, 항복이다
- ☐ 化(ば)け物(もの) 괴물

"그럼 하겠습니다. 머리가 세 개, 눈이 네 개, 손이 여덟 개, 다리가 스무 개, 꼬리가 아홉 개, 배꼽이 백 개, 날개는 있지만 날 수는 없고 걷기가 빠른 것은 무엇일까~요?"

대단한 명성의 그 수수께끼 명인도 식은땀을 줄줄 흘리며 진지하게 이것저것 생각해 보지만, 아무리 해도 답을 알 수가 없다. 드디어 항복하여 답을 가르쳐 달라고 청했다.

"흠, 졌다. 답은 뭔가?"

"네, 괴물이옵니다."

生(う)まれ変(か)わり

昔(むかし)お坊(ぼう)さんが山道(やまみち)を歩(ある)いていて、狩人(かりゅうど)に出会(であ)った。

「待(ま)ちなさい[1]。そうやって生(い)き物(もの)を殺(ころ)すのはいけないことだ」

「そうですか」

「生き物を殺せば、次(つぎ)はその殺したものに生(う)まれ変(か)わることになる[2]」

- 生(う)まれ変(か)わり 환생
- お坊(ぼう)さん 스님
- 山道(やまみち) 산길
- 狩人(かりゅうど) 사냥꾼
- 出会(であ)う 만나다
- 生き物(いきもの) 생물
- 殺(ころ)す 죽이다 ↔ 生(い)かす 살리다
- いけない 안 되다, 좋지 않다
- 次(つぎ) 다음

옛날에 스님이 산길을 걸어가다가 사냥꾼을 만났다.

"잠깐만. 그렇게 해서 생물을 죽이는 것은 나쁜 일이야."

"그렇습니까?"

"생물을 죽이면 다음에는 그 죽인 것으로 환생하게 된다."

1 ~なさい ~어라, ~시오 [동사 연용형+なさい]

가벼운 명령을 나타내는 표현. 부모가 자식에게 또는 교사가 학생에게 쓰는 경우가 많은데, 단순 명령형보다는 부드럽고, ~てください보다는 거친 뉘앙스를 가진다. 시험 문제의 지시문에도 쓰인다.

もっと勉強(べんきょう)しなさい。 더 공부해라.

2 ~ことになる ~게 되다 [동사 보통형+ことになる]

자신의 의지와 상관없이 어떤 결정이 내려지거나 어떤 결과가 된다는 뜻을 나타낸다.

私(わたし)の言(い)うことを信(しん)じないと、あとで後悔(こうかい)することになります。 내가 하는 말을 믿지 않으면 나중에 후회하게 됩니다.

「キツネを殺せばキツネに生まれ変わりますか」

「必(かなら)ずキツネに生まれ変わる」

「タヌキを殺せばタヌキに生まれ変わりますか」

「必ずタヌキに生まれ変わる」

「牛(うし)を殺せば牛に生まれ変わりますか」

「必ず牛に生まれ変わる」

「間違(まちが)いございませんか」

「間違いない」

それを聞いた狩人は、感激(かんげき)に身(み)を震(ふる)わせ、涙(なみだ)をこぼすと、いきなり鉄砲(てっぽう)でお坊さんに狙(ねら)いをつけた。お坊さんがあわてふためいて言った。

「な、何(なに)をする」

「私(わたし)はお坊さんに生まれ変わります」

"여우를 죽이면 여우로 태어납니까?"

"반드시 여우로 태어난다."

"너구리를 죽이면 너구리로 태어납니까?"

"반드시 너구리로 태어난다."

"소를 죽이면 소로 태어납니까?"

"반드시 소로 태어난다."

"틀림없사옵니까?"

"틀림없다."

그 말을 들은 사냥꾼은 감격에 몸을 떨며 눈물을 흘리더니 갑자기 총으로 스님을 겨누었다. 스님이 당황하여 말했다.

"무, 무엇을 하는 거야?"

"저는 스님으로 태어나겠습니다."

- キツネ 여우
- 必(かなら)ず 반드시
- タヌキ 너구리
- 牛(うし) 소
- 間違(まちが)い 틀림, 잘못
- 感激(かんげき) 감격
- 身(み)を震(ふる)わせる 몸을 떨다
- 涙(なみだ)をこぼす 눈물을 흘리다
- いきなり 갑자기
- 鉄砲(てっぽう) 총
- 狙(ねら)いをつける 겨누다, 겨냥하다
- あわてふためく 당황하여 허둥거리다

ドウモとコウモ

昔(むかし)江戸(えど)にドウモという医者(いしゃ)がいて、京都(きょうと)にコウモという医者がいた。どちらも「自分(じぶん)こそ日本一(にっぽんいち)の名医(めいい)」という腕自慢(うでじまん)だった。しかし、日本一は一人(ひとり)しかいないはず、どっちが本当(ほんとう)の日本一か勝負(しょうぶ)をしようということになった。

- 医者(いしゃ) 의사
- 京都(きょうと) 교토 〈일본 지명〉
- 日本一(にっぽんいち) 일본 제일, 일본 최고
- 名医(めいい) 명의
- 腕自慢(うでじまん) 솜씨에 자신이 있음
- ～しか ~밖에
- 本当(ほんとう) 정말, 사실, 진실
- 勝負(しょうぶ) 승부

옛날 에도에 '이러지도'라는 의사가 있었고, 교토에 '저러지도'라는 의사가 있었다. 모두 '자기야말로 일본 최고의 명의'라는 자부심을 가지고 있었다. 그러나 일본 최고는 한 사람밖에 없을 터, 어느 쪽이 진짜 일본 최고인지 승부를 하기로 했다.

二人(ふたり)はまず、順番(じゅんばん)にたがいの腕(うで)を切(き)って、つなぎ合(あ)わせた。腕はたちまちもとどおり。つないだ跡(あと)すら[1]わからない。

次(つぎ)に、順番にたがいの足(あし)を切って、つなぎ合わせた。足もたちまちもとどおり。これまた、つないだ跡もわからない。

そして今度(こんど)は、やはり順番にたがいの首(くび)を切って、くっ付(つ)けた。またまた、たちまちもとどおり。

- まず 먼저, 우선
- 順番(じゅんばん)に 차례로
- たがい 서로, 상호
- 腕(うで) 팔
- 切(き)る 자르다
- つなぎ合(あ)わせる 서로 이어붙이다
- たちまち 순식간에
- もとどおり(元通り) 전과 같음, 원래대로임
- つなぐ 잇다, 연결하다
- 跡(あと) 자국, 흔적
- これまた 이것도 또한
- やはり 역시
- くっ付(つ)ける 붙이다
- またまた 또 다시, 거듭, 재차

두 사람은 우선 차례로 서로의 팔을 자르고 꿰맸다. 팔은 순식간에 원래대로. 꿰맨 자국조차 못 찾을 정도로.

그 다음에 차례로 서로의 다리를 자르고 꿰맸다. 다리도 순식간에 원래대로. 이것 또한 꿰맨 자국도 못 찾겠다.

그리고 이번에는 역시 차례로 서로의 목을 자르고 붙였다. 또 다시 순식간에 원래대로.

---

1 ～すら ～조차 [명사+すら]

하나의 극단적인 예를 들어 그것도 이러하기 때문에 나머지도 물론 마찬가지라는 뜻을 나타낸다.

時々(ときどき)自分(じぶん)の名前(なまえ)すら思(おも)い出(だ)せない時(とき)がある。가끔 자기 이름조차 생각이 안 날 때가 있다.

このままでは勝負がつかないと、同時にたがいの首を切ってくっ付けることにした。二人とも賛成し、「一、二の三！」で同時にたがいの首を切った。ところが、二人とも首がなくてはどうもこうもすることができず、両人とも死んでしまった。

「どうもこうもできない」という言葉は、ここから生じたとか。

- 勝負(しょうぶ)がつく 승부가 나다
- 同時(どうじ)に 동시에
- 賛成(さんせい)する 찬성하다
- どうもこうもできない 이러지도 저러지도 못하다
- 両人(りょうにん) 두 사람
- 言葉(ことば) 말
- 生(しょう)じる 생기다
- ～とか ~라고 하다

이대로는 승부가 나지 않는다고 하여, 동시에 서로의 목을 잘라 붙이기로 했다. 두 사람 모두 찬성하여 '하나, 둘, 셋!' 하고 동시에 서로의 목을 잘랐다. 그러나 양쪽 다 목이 없어서 이러지도 저러지도 못하고 둘 다 죽어 버렸다.

'이러지도 저러지도 못하다'라는 말은 여기서 생겼다나.

☑ CHECK UP

지금까지 익힌 표현들을 모았습니다.
내용을 상기하면서 풀어 보고, 일반 회화에도 응용해 보기 바랍니다.

다음 문장의 밑줄 친 부분을 (　　) 안의 문형을 넣어 바꾸어 보세요.

❶ おもしろいものを<u>見せるよ</u>。(〜てやる)

→ ....

❷ もう<u>暗くなりました</u>。(〜てくる)　[暗い 어둡다]
(暗: くら)

→ ....

❸ <u>試してくれると</u>、うれしいです。(お〜くださる)
(試: ため)
[試す 시험하다, 시도하다]

→ ....

❹ 私としては、こちらを<u>すすめます</u>。(お〜する)　[すすめる 권하다]

→ ....

❺ 大統領が<u>辞任します</u>。(〜そうだ〈전문〉)　[辞任する 사임하다]
(大統領: だいとうりょう, 辞任: じにん)

→ ....

❻ <u>初出場なのに</u>、よくがんばった。(〜ながら)　[初出場 첫 출전, 첫 출장]
(初出場: はつしゅつじょう)

→ ....

❼ <u>冷める前に</u>食べてください。(〜ないうちに)　[冷める 식다, 차가워지다]
(冷: さ, 前: まえ)

→ ....

❽ これ以上くわしいことは<u>知りません</u>。(〜ほうがいい)
(以上: いじょう)
[くわしい 상세하다, 자세하다]

→ ....

⑨ 問題を解け。（～なさい）［解く 풀다］

→ ……………………………………

⑩ 式典の間中、ずっと立っていた。（～まま）［式典 식전, 의식］

→ ……………………………………

⑪ 外国語を使いこなします。母国語もまともに話せません。（～どころか、～すら）［使いこなす 구사하다, 능숙하게 다루다］

→ ……………………………………

⑫ この本を読みます。意味がわかりません。（いくら～ても）

→ ……………………………………

⑬ 自由と身勝手の違いを考えなければならない。（～べき）
［身勝手 제멋대로임, 방종　違い 차이, 다름］

→ ……………………………………

⑭ いきなり空が光りました。（～かと思うと）ものすごい音がしました。［いきなり 갑자기　光る 빛나다　ものすごい 굉장하다］

→ ……………………………………

CHECK UP 해답

해답 및 번역도 함께 실었습니다.

ぼうえんきょう~星とり

❶ 飛んでいる。
비행기가 하늘을 날고 있다.

❷ ねむってしまった。
수업 중에 그만 잠이 들고 말았다.

❸ 飲んでみた。
처음 본 음료수를 마셔 보았다.

❹ 置いておきます。
짐은 문 옆에 놓아 두겠습니다.

❺ 話してくれました。
그는 사실을 말해 주었습니다.

❻ 練習してから、
좀 더 연습하고 나서 대회에 나가겠습니다.

❼ 怒りだしたんだろう。
그 사람, 어째서 갑자기 화냈을까?

❽ がまんせずに
참지 않고 다이어트를 할 수 있습니다.

❾ 全員に理解してほしい。
팀 멤버 전원이 이해해 주기를 바란다.

❿ 降りそうだ。
내일은 비가 올 것 같다.

⓫ 答えかねます。
그 질문에는 대답하기 어렵습니다.

⓬ 大事故になるところだった。
자칫 잘못하다가 큰 사고가 날 뻔했다.

⓭ 終わるわけがない。
이대로는 끝날 리가 없다.

⓮ (子どもが犬に)かみつかれた。
아이가 개에게 물렸다.

走りの名人～借金取り

❶ 会いたかった？
누구를 만나고 싶었어?

❷ 勝ったかもしれない。
네가 있었으면 시합에 이겼을지도 몰라.

❸ 聞きながら
음악을 들으면서 공부를 한다.

❹ 読んだことがありますか。
고전문학을 읽은 적이 있습니까?

❺ 残念でしかたがありません。
실수를 한 것이 유감스러워 참을 수가 없습니다.

❻ 思いつつ
재미없다고 생각하면서 마지막까지 보았다.

❼ 吉田さんに(から)ＤＶＤを貸してもらいました。
요시다 씨가 DVD를 빌려 주었습니다.

❽ 手伝ってくださいました。
선배가 작업을 도와주셨습니다.

❾ 予定どおり
예정대로 프로젝트는 평탄하게 진행되고 있습니다.

❿ 決してそういうつもりはありませんでした。
결코 그럴 생각은 없었습니다.

⓫ 警察ではないようです。
그 사람은 경찰이 아닌 것 같습니다.

⓬ びんぼうになったとたんに、
가난해지자마자 모두가 떠나갔습니다.

⓭ 母親が子どもに自分で服を着させました。
엄마가 아이에게 스스로 옷을 입도록 했습니다.

⓮ 行かないわけにはいきません。
나는 아무래도 가지 않을 수는 없습니다.

三つのあて～ドウモとコウモ

❶ 見せてやるよ。
재미있는 것을 보여줄게.

❷ 暗くなってきました。
벌써 어두워졌습니다.

❸ お試しくださると、
시험해 주시면 기쁘겠습니다.

❹ おすすめします。
저로서는 이쪽을 권해 드립니다.

❺ 辞任するそうです。
대통령이 사임한다고 합니다.

❻ 初出場ながら、
첫 출전인데도 잘했어.

❼ 冷めないうちに
식기 전에 드세요.

❽ 知らないほうがいいです。
이 이상 자세한 것은 모르는 것이 낫습니다.

❾ 解きなさい。
문제를 푸시오.

❿ 立ったままだった。
식전 동안 내내 계속 서 있었다.

⓫ 使いこなすどころか、母国語すら
외국어를 능숙하게 구사하기는커녕 모국어조차 제대로 할 줄 모릅니다.

⓬ この本を(は)いくら読んでも、
이 책을(은) 아무리 읽어도 의미를 모르겠습니다.

⓭ 考えるべきだ。
자유와 방종의 차이를 생각해야 한다.

⓮ 光ったかと思うと、
갑자기 하늘이 번쩍였다 싶더니 엄청난 소리가 났습니다.

参考文献

- 川崎大治(かわさき・だいじ)『日本(にほん)のわらい話(ばなし)』童心社(どうしんしゃ)
- 木暮正夫(こぐれ・まさお)『クスクスゆかいなわらい話』岩崎書店(いわさきしょてん)
- 木暮正夫『ゲハゲハゆかいなわらい話』岩崎書店
- 木暮正夫『ギャハッとゆかいなわらい話』岩崎書店
- 木暮正夫『ドカンとでっかいほらふき話』岩崎書店
- 木暮正夫『ゆかいにガハガハわらい話』岩崎書店
- 木暮正夫『おなかがヨジヨジわらい話』岩崎書店
- 木暮正夫『おかしさドッカンわらい話』岩崎書店
- 木暮正夫『あたまのミネラルだじゃれ話』岩崎書店
- 木暮正夫『できたてホヤホヤおもしろ話』岩崎書店
- 谷真介(たに・しんすけ)編(へん)『３６６日(にち)のむかし話』講談社(こうだんしゃ)
- 寺村輝夫(てらむら・てるお)『わらいばなし』あかね書房(しょぼう)
- 冨田博之(とみた・ひろゆき)『うれしい一日になる 日本のわらい話』学習研究社(がくしゅうけんきゅうしゃ)
- 西本鶏介(にしもと・けいすけ)『読んでおきたい日本の昔話(むかしばなし) ゆかいな話(はなし)』小学館(しょうがくかん)
- 西本鶏介『日本の笑(わら)い話50』小学館
- 日本民話(みんわ)の会(かい) 編(へん)『決定版(けっていばん) 日本の民話事典(じてん)』講談社
- 林省之介(はやし・しょうのすけ)『江戸小咄(えどこばなし)の笑(わら)い』第一学習社(だいいちがくしゅうしゃ)
- 武藤禎夫(むとう・さだお)『江戸小咄類話事典(えどこばなしるいわじてん)』東京堂出版(とうきょうどうしゅっぱん)

다락원 일한 대역문고 – 초급8

일본의 재미있는 이야기
日本のわらいばなし

지은이 吉本一
펴낸이 정규도
펴낸곳 (주)다락원

초판 1쇄 발행 2007년 9월 5일
초판 8쇄 발행 2025년 5월 21일

편집국장 김현자
책임편집 이경숙, 김윤희
교정 이효정
디자인 서해숙, 이수민
일러스트 김제진

경기도 파주시 문발로 211
Tel: (02)736-2031 Fax: (02)732-2037
(내용문의: 내선 460~465 / 구입문의: 내선 250~252)
출판등록 1977년 9월 16일 제406-2008-000007호

ISBN 978-89-5995-352-3 18730 978-89-5995-296-0(set)

www.darakwon.co.kr
다락원 홈페이지를 통해 인터넷 주문을 하시면 자세한 어학 정보와 함께 다양한 혜택을 받으실 수 있습니다.